LIAONING PRIVATE ECONOMY

Development and Research Report 2023

辽宁民营经济发展
研究报告

2023

张满林　苏明政 ◎编著

中国财经出版传媒集团

经济科学出版社

Economic Science Press

·北京·

编 委 会

前　言

　　《辽宁民营经济发展研究报告（2023）》是渤海大学民营经济研究院连续推出的年度性研究报告，也是渤海大学辽宁民营经济（中小企业）发展研究基地的年度研究成果。

　　2023 年，辽宁经济整体运行回升向好，民营经济的社会贡献依然突出，发展韧性和活力也进一步显现。《辽宁民营经济发展研究报告（2023）》分年度报告和专题报告两部分。年度报告"辽宁省民营经济发展分析"分析了 2023 年辽宁民营经济发展的情况，对辽宁民营企业的运营绩效进行了评价，探讨了辽宁民营经济发展中存在的主要问题，提出了促进辽宁民营经济发展改革的建议。专题报告关注了辽宁民营经济发展的关键问题和热点问题。

　　《辽宁民营经济发展研究报告（2023）》的撰写得到了辽宁省政府相关部门、企事业单位和社会友人的支持，特别是辽宁省委省政府咨询委员会的赵治山、辽宁省工业与信息化厅的孙立新以及辽宁省社科联张华、信凯等领导的热心帮助，在此一并表示衷心的感谢！

　　报告由张满林、苏明政主持编写，具体完成人：年度报告（张满林、苏明政），专题一（张亮），专题二（赵壮），专题三（卢剑峰、陈璐），专题四（屈天佑、李娜），专题五（王志刚），专题六（董丹、陈奇超），专题七（李重雨），专题八（谢睿、彭锦华、李军）。

张满林

2024 年 3 月 1 日于渤海大学

目　录

‖ 年度报告 ‖

‖ 专题报告 ‖

辽宁民营经济发展研究报告(2023)

年 度 报 告

辽宁省民营经济发展分析（2023）

　　2023 年，是全面贯彻党的二十大精神的开局之年，也是三年新冠疫情防控转段后经济恢复发展的一年，辽宁省履行维护国家"五大安全"的重要使命，完整、准确、全面地贯彻新发展理念，坚持高质量发展不动摇，坚持稳中求进的工作总基调，着力扩大内需、优化结构、提振信心、化解风险，经济形势总体回升向好。全省地区生产总值增长 5.3%，十年来首次超过全国增速，全省地区生产总值 30209.4 亿元。一般公共预算收入增长 9.1%，规模以上工业增加值增长 5%，固定资产投资增长 4%，经济社会发展呈现多年少有的良好发展局面。

一、2023 年辽宁省民营经济发展总体概况

（一）辽宁省民营经济的总体情况

1. 民营市场主体增长迅速

　　2023 年，全省新设经营主体 86.3 万户，创五年来同期新高。全省经营主体达 515.9 万户，同比增长 9.4%。其中，民营经济经营主体占经营主体总量的 96%。全省新增"雏鹰""瞪羚"企业 1029 家，总数达到 5337 家。2023 年，新增"专精特新""小巨人"企业 41 家，十月稻田、微控飞轮实现辽宁省"独角兽"企业零的突破。辽宁省"专精特新"企业发展不断强化，共有国家级"专精特新""小巨人"企业 296 家、省级"专精特新"中小企业 1979 家，呈现深耕细分领域时间长、市场份额较

大、具有配套专家、主导产品竞争力较强、技术创新能力较强等特点。

2. 中小型科技企业成为创新驱动发展战略的关键载体

截至 2023 年底，全省新增注册科技型中小企业 10341 家，同比增长 55.6%，总数达到 33484 家；高新技术企业增长 16.0%。从创新能力看，全省有创新型中小企业 3356 家，2023 年辽宁省实施"揭榜挂帅"科技攻关项目 120 个，科技成果本地转化率为 55.5%。省内转化科技成果 2300 余项，技术合同成交额达到 944.8 亿元，同比增长 26.4%。"专精特新""小巨人"企业拥有超万项发明专利，户均发明专利约 16 项。此外，"专精特新""小巨人"企业作为主要起草单位，制修订标准户均超 2 个。

3. 智能化、数字化建设成效显著

沈阳、大连入选国家首批中小企业数字化转型试点城市，数量居全国首位。2023 年，全省共培育工业母机等省级制造业创新中心 3 家、省级企业技术中心 68 家。辽宁省培育省级工业互联网平台 87 个、省级 5G 工厂 40 家、国家级 5G 工厂 8 家，新增 185 家省级数字化车间、智能工厂，7 家企业获评国家级智能工厂；智能工厂和数字化车间累计达 337 个。10 个项目入选新一代信息技术与制造业融合发展示范项目，数量居全国第六位。

4. 新产业新业态不断涌现

从配套能力看，"专精特新""小巨人"企业普遍与大企业建立了良好的合作关系，超九成为国内外知名大企业的配套。2023 年，全省高端装备制造业营收占全部装备制造业比重，精细化工产业营收占化学工业比重，冶金新材料营收占冶金行业比重，食品、柞蚕丝绸、医药等现代优质特色消费品营收占消费品工业比重较 2022 年分别提高了 2 个、2.1 个、2 个和 1.5 个百分点。全省制造业增加值增长 6.3%，其中，高技术制造业增长 8.8%。在集成电路领域，沈阳已培育出一批优势骨干企业，形成了独具特色的产业体系，形成了国内较完整的 IC 装备产业链条，与北京、上海构成我国 IC 装备产业发展的三大重点地区。在医药领域，辽宁省已形成以化学药、生物药、中药为主的产业结构，是全国重要的大宗原料药生产基地，疫苗生产企业数量居全国前三。沈阳三生"重组人血小板生成素注射液"是工信部单项冠军产品，东软医疗 CT 填补国内空白，沈阳大学内窥镜公司市场占有率居国内前列。

5. 民营企业外贸活力充足，主力作用增强

2023年，辽宁省有进出口记录的外贸经营主体首次突破1.5万家。其中，民营企业1.28万家，合计进出口3552.7亿元，占46.4%，占比较上年同期提高1.3个百分点。

（二）2023年辽宁省促进民营经济发展的具体举措

1. 出台一系列政策和措施，助力民营经济实现高质量发展

2023年，辽宁先后出台稳经济27条和巩固增势20条等政策举措，实施培育壮大个体工商户三年行动，在全国率先开展分型分类精准帮扶试点活动，制定并发布23条扶持培育政策措施。先后召开全省优化营商环境建设大会、全省民营企业家座谈会、全省民营企业家代表早餐会。举办了全国知名民企高端峰会、首届全球辽商大会。与此同时，针对不同发展阶段的中小企业，工信部门开培训、搞调研、走现场、送政策、做服务，为企业精准对接技术、人才、资金、管理、法律等专业服务资源。此外，提高政策落实效率。持续推动"免申即享"和"直达快享"改革，优化政策实施审批流程，扩大惠企强企政策供给精准度和覆盖面。2023年8月，辽宁省举办全国知名民企助力辽宁全面振兴新突破高端峰会，近900位知名民营企业家参加峰会，签约147个项目，总投资1435亿元；9月，举办第四届辽洽会，5800余亿元的"集中大单"郑重落笔；10月，举办2023全球工业互联网大会，164个项目落户辽宁，这些项目大多数与民企相关。

辽宁优化实施"兴辽英才计划"，遴选高水平人才和团队1047个。"两院"院士总数达61人。"百万学子留辽来辽"行动引进海内外优秀博士和拥有高级职称人才4387名，同比增长77%，引进高校毕业生40.1万名，同比增长20.8%，扭转了多年人才外流的不利局面。辽宁省税务局不断完善"项目管家"机制，高效服务产业集群发展、壮大；发挥税收大数据作用，助力1130家企业打通产业链、畅通供应链；出台20条优化服务举措，为民营经济高质量发展提供良好的税收环境。

2. 不断健全优质中小企业梯度培育体系

一是支持科技创新发展。鼓励和支持工业企业创新产品开发及产业化，辽宁省印发了《辽宁省工业企业创新产品目录（2023版）》，引导采购人采购创新产品，促进辽宁工业创新产品在各领域应用，推动高质量发展。

二是持续助力中小企业发展。辽宁省继续执行 200 万元以下政府采购项目，原则上专门面向中小企业采购。对小微企业报价给予 10%～20% 的价格优惠等政策，提高小微企业在政府采购中的竞争力，促进小微企业获得更多的政府采购合同。鼓励采购人在与中小微企业签订合同时设定不低于合同金额 40% 的预付款，2023 年为中小企业设立预付款 47.4 亿元。免收中小企业投标保证金 3.8 亿元，以电子保函替代保证金 2.44 亿元。优化并构建一体化政府采购金融服务体系，缓解企业"融资难"问题。目前，采购合同融资平台有 15 家银行入驻，迄今为止，已为供应商授信 15.43 亿元。

3. 强化金融支持

一是深化政银企战略合作，提级打造"千亿送贷"融资平台，推动解决"融资难"问题。截至 2023 年末，辽宁省普惠小微贷款余额 3738 亿元，同比增长 13.62%，连续三年普惠小微贷款余额增速超过 10%。目前，辽宁省 14 个地市均完成首贷中心建设，累计帮助 9281 户企业获得贷款 118 亿元。

二是引导金融机构深化科技信贷产品创新。截至 2023 年末，全省金融机构建立科技支行或科技金融服务团队 62 个，推出信贷产品 200 余款，23 家机构在内部转移定价方面向科技型企业倾斜，最高优惠达 150 个基点。

三是增加科技型企业金融供给。中国人民银行辽宁省分行持续推动金融机构增加对科技型企业的信贷投放。截至 2023 年末，辽宁高新技术企业、科技型中小企业、"专精特新"中小企业贷款余额分别达 2083.78 亿元、295.94 亿元和 539.89 亿元，同比增长 8.41%、23.32% 和 10.24%。提升科技金融服务质效。2023 年，金融机构向 105 家重点科技企业发放贷款 222.4 亿元。截至 2023 年末，辽宁省知识产权质押贷款金额 52.6 亿元，同比增长 41.6%。2023 年，辽宁省为知识产权抵质押提供财政补贴 1734.5 万元，提供担保和评估费补贴 109.7 万元，分别是 2022 年的 4.8 倍和 8.7 倍。

四是用好用足央行货币政策工具。截至 2023 年末，辽宁省金融机构累计运用科技创新再贷款为 1291 户高新技术企业发放贷款 269.5 亿元，运用支农支小再贷款为239家高新技术企业发放贷款10.46亿元，运用再贴现资金为92家科技型企业的5.31亿元票据办理贴现。

五是积极发挥债券市场融资功能。完善合格发债企业储备库，2023年，省内25家重点科技型企业顺利入库。2023年，全省共发行非金融企业债务融资工具361.73亿元，其中，本钢集团成功发行35亿元科创票据，实现省内企业在银行间债券市场科创票据发行零的突破。

六是降低融资成本。一方面，通过发行同业存单、大额存单等拓宽融资渠道，降低对存款的过度依赖，压降负债成本；另一方面，更好地发挥市场利率自律机制作用，督促金融机构按照市场化和商业可持续原则合理定价，确保贷款利率覆盖信贷风险和资金成本。中国人民银行沈阳分行通过发放支农支小再贷款、再贴现提供低成本资金449.2亿元；落实普惠小微贷款阶段性减息政策，135家地方法人金融机构为54.5万笔普惠小微贷款减息2.1亿元，惠及经营主体23.2万户。

七是强化"敢贷、愿贷、能贷、会贷"长效机制建设。支持银行业金融机构通过科技手段赋能小微企业金融服务，提高贷款效率。截至2023年末，机制已覆盖省内22家政府部门等数据源单位，汇聚518万户企业工商、税务、水电气缴费等约30亿条信息，帮助4.5万户中小微企业融资818亿元。加大了融资担保风险补偿力度，2023年1~10月，省融资担保集团全部担保业务当年发生额为256亿元，同比增长24%。省金融监管局组织银企对接会11场，银行机构推介"白名单"企业融资需求1100个，促进融资对接超400亿元，推广"辽科贷""辽知贷""辽股贷"系列产品，累计投放300亿元，余额110亿元。对5536户企业的323亿元贷款本息给予延期。

4. 不断优化政务环境

一是规范公正文明执法。行政执法水平直接影响经济活动成本和经营主体的信心。为全面推进严格规范公正文明执法，辽宁省印发《提升行政执法质量三年行动实施方案（2023—2025年）》，用法治给行政权力定规矩、划界限，全面提升各级行政执法机关行政执法质效，更好地维护公平的市场竞争秩序。在法治建设、守信践诺、降本增效、打造宜居环境上全面发力，加大力度解决拖欠企业账款问题，集中化解行政机关不履行法院生效判决问题。

二是深化"证照分离"改革。2023年以来，全省共涉及"证照分离"审批业务90多万笔，惠及经营主体46.5万户。全省通过"一网通办"平台新设经营主体近60万户，占新设总量的96%。简单的手续自己办，复杂的事情管家帮办。辽宁省营商局深化"政企直通车"服务机制，加强"政企直通车"平台建设，做精做细项目管家服务企业，为186万户经营主体匹配项目管家6.8万名，政企互动信息达111万条。

三是打造高效、规范、智慧的"12345"政务服务便民热线平台。举办2023数字营商环境改革创新发展峰会。召开全省优化营商环境大会，统筹推进"三个万件"行动，全面清理影响振兴发展的障碍。进行"办事不找关系"等系列改革，构建省级层面法治化营商环境评价指标体系。着眼于提升企业、群众办事满意度和获得感，沈阳持续推进"只提交一次材料"改革，90%的申报材料实现"只提交一次"或免予提交，上线1123个智能化服务场景，平均申报时间缩短了22.3%，审批效率提升了24.2个百分点。2023年，沈阳市"只提交一次材料"改革被国务院评为政务服务效能提升典型案例。全省选定35个高频"一件事"场景推行"一次办"，平均减少办理时间62%。

四是提升数字服务能力。全省政务基础设施逐步被夯实，数字治理成效不断显现。完成省政府数据中心双节点部署，启动一体化政务云管理平台建设，省级系统上云率86%；启动934条专线整合，整合率占专线总数的80%，网络"孤岛"逐步被打破。启动数字政府基座项目建设，"集中打造数字底座，一体赋能政府治理"成果获中国信息协会的"2022～2023数字城市卓越贡献奖"。"一网通办"平台对接业务系统326个，"辽事通"全面整合各地政务App。"一网协同"OA办公系统实现省、市、县三级非涉密部门100%全覆盖，并向乡村基层延伸。建成"辽政通"App，逐步形成"数字机关"新模式。国家统计局辽宁调查总队调研结果显示，企业对服务经营主体、政务服务方面满意率分别达到91.6%、90.1%，数字政府建设取得了阶段性成效。

5. 打造公平的市场环境

一是打造公平竞争的采购环境，辽宁省财政厅按照财政部的统一部署，聚焦当前政府采购领域反映突出的"四类"违法违规行为，在全省范围内省市联动开展专项整治工作。持续实施政府采购意向公开，要求全省各级预算单位全面公开政府采购意向，开发政府采购管理系统监控功能，精准限制采购人在采购活动开始前不少于 30 日公开采购意向。2023 年，全省公开采购项目 1.7 万多个，涉及项目预算金额近 500 亿元。

二是持续为经营主体减负。在降本增效上出实招，加大减税、降费、降低要素成本力度，不断优化政策供给体系，降低各类制度性交易成本。降低税费成本。省国资委积极推动国有企业减免房租，2022 年前三个季度共为 3905 户小微企业和个体工商户减免租金 1.1 亿元。省税务局精准落实税费政策，减轻民营企业的税费负担。全省新增减税降费及退税缓费近 400 亿元。省发展改革委着力降低招标投标交易成本，开展招标投标领域突出问题专项治理活动，为 4077 个项目、3108 户企业提供电子保函服务，开具电子投标保函 1.9 万笔，累计释放企业现金流 32.5 亿元。

6. 不断优化信用环境

一是开展政府履约践诺专项整治行动。解决问题 16759 个，清偿各类账款 152.86 亿元。全面清理影响振兴发展的障碍，梳理 20 个方面的问题共 13917 件，清理整改 10941 件，出台并完善制度性文件 366 个。依法依规对严重失信行为实施联合惩戒，发挥政法委、纪委监委系统的监督指导作用，采取"联建共治"方式，构建信用治理新格局。2023 年 11 月，省发改委申报的《加快打造政府诚信升级版 推动"信用辽宁"建设高质量发展》获评全国优秀信用案例。

二是开展政务诚信建设监测评价。全面提升各地政务诚信建设水平，在全国 36 个省会及副省级以上城市中，沈阳市城市信用监测排名位列全国第一，大连市位列第五。制定并出台了《辽宁省保障中小企业款项支付投诉处理实施细则（暂行）》，系统规范投诉受理、处理全过程。全面推动信用在政务诚信、行业监管、改善民生等领域的创新应用，全省共征集各类信用典型案例 232 项，择优选送 65 项案例参与国家级各类评选，先后荣获国家发展改革委、商务部、新华通讯社等 13 个部委单位评定的国家级信用奖项 16 项，在全国树立了标杆。

三是推进政府采购领域信用体系建设。畅通政府采购领域政务失信行为的投诉举报渠道，强化信息化监管。修订省本级政府采购工作绩效考核指标，督促采购人加强内控管理，及时依法依规开展采购活动；印发《关于加强政府采购评审专家管理的通知》《关于在省本级预算单位开展政府采购代理机构履职评价试点工作的通知》等，在采购系统开发线上评价监管模块，利用信息化手段进行评审专家、社会代理机构履职评价，规范当事人行为，提升工作质量和服务水平。

四是建立健全社会信用体系。打造信用应用新场景，率先完成"信用辽宁"与"信用中国"查询平台直联。建立共享平台数据交换通道，全面提升信用信息归集共享效率和质量。截至2023年底，全省共在平台归集包括行政许可、行政处罚、抽查检查、违法失信管理等常规涉企信息670多万条，涉企信息归集数据总量近30亿条。全国融资信用服务平台省级节点建设取得新突破，助力企业融资1351.75亿元，省信用信息共享平台归集共享数据3422万条。

7. 不断优化司法环境

一方面，不断优化法治服务环境，在以"优"解"忧"的司法实践中，不断释放司法善意信号，护航企业健康发展。省委政法委统筹推进全省涉企司法领域问题和行政机关不履行法院判决问题专项整治工作，聚焦并解决执法司法突出问题和企业群众"急难愁盼"问题，深入开展涉企业、涉信访、涉超期案件专项监督三年行动，坚持"查改治建"一体推进，持续释放有案必查、有错必纠的强烈信号。另一方面，强化担当作为，坚决向涉企犯罪"亮剑"。持续开展涉企案件攻坚，上年全省公安机关侦破的涉企案件共为企业挽回经济损失6.6亿余元，全力让守法企业安心生产、放心经营。

2023年全省政法系统累计走访商会企业5.4万余家（次），收集、采纳意见和建议4800余条；全省法院对47.4万件涉企案件实行生产经营影响评估，盘活资产947.17亿元，助力一批企业渡过难关；全省检察机关联合公安机关清理涉民企刑事诉讼"挂案"179件，助力企业轻装上阵；全省司法行政系统创新开展订单式"法治体检"行动，组织2000余名律师助力企业法务建设和合规管理。

二、辽宁省民营企业经营态势分析

2023年，辽宁民营经济整体经营态势良好，市场主体活力不断增强。

2023年，辽宁省新设经营主体86.3万户，创五年同期新高；新增注册科技型中小企业10341家，同比增长55.6%，目前辽宁省已有科技型中小企业达3.3万家。截至2023年6月，全省民营经济税收同比增长17.5%。截至2023年9月，全省实有民营经济经营主体481.6万户，同比增长8.2%，占经营主体总量的96%；规上工业中小企业8826户，同比增长4.6%，占规上工业企业总量的97.8%。2023年，全省民营企业进出口总额达到1472.1亿元，同比增长12.4%，表明民营经济活力十足。其中，股份制企业增加值增长3.7%，外商及港澳台商投资企业增加值增长11.3%，而私营企业的增加值更是实现了7.9%的增长，呈现出较好的发展态势。

（一）2023年辽宁省入选中国民营企业500强企业分析

1. 2023年辽宁省入围企业概况

全国民营经济500强榜单是由全国工商联组织各省区市工商联在各自区域、行业范围内实施，以民营企业自愿加入为原则形成的。2023年中国民营企业500强榜单于2023年9月发布，该榜单调研对象为2022年营业收入总额在5亿元以上的私营企业、民营经济成分控股的有限责任公司和股份有限公司（2021年出现重大违法违规事件和严重失信行为的公司除外），表1展示了2017～2023年辽宁省入围中国民营经济500强榜单情况。

表1　　　　2017～2023年辽宁省入围民营经济500强榜单　　　单位：万元

2017年			
排名	企业名称	所属行业	营收总额
9	大连万达集团股份有限公司	综合	25498000
147	环嘉集团有限公司	批发业	3536431
158	盘锦北方沥青燃料有限公司	石油加工、炼焦和核燃料加工业	3309665
351	大连金玛商城企业集团有限公司	租赁业	1684521
452	兴隆大家庭商业集团有限公司	零售业	1324474
457	锦联控股集团有限公司	水上运输业	1307303
总计	6家		36660394

续表

2018 年			
排名	企业名称	所属行业	营收总额
10	大商集团有限公司	零售业	28080516
17	大连万达集团股份有限公司	综合	20185519
162	盘锦北方沥青燃料有限公司	石油加工、炼焦和核燃料加工业	4107120
187	环嘉集团有限公司	批发业	3838626
267	辽宁禾丰牧业股份有限公司	农副食品加工业	2730333
438	大连金玛商城企业集团有限公司	商务服务业	1775527
总计	6 家		60717641

2019 年			
排名	企业名称	所属行业	营收总额
12	大商集团有限公司	零售业	30029186
23	大连万达集团股份有限公司	综合	18076999
114	盘锦北方沥青燃料有限公司	石油加工、炼焦和核燃料加工业	6003399
143	辽宁嘉晨控股集团有限公司	黑色金属冶炼和压延加工业	4963961
182	福佳集团有限公司	化学原料和化学制品制造业	4273426
204	环嘉集团有限公司	废弃资源综合利用业	3914517
243	辽宁禾丰牧业股份有限公司	农副食品加工业	3462704
289	铭源控股集团有限公司	批发业	2964371
341	五矿营口中板有限责任公司	黑色金属冶炼和压延加工业	2516410
383	辽宁宝来生物能源有限公司	石油加工、炼焦和核燃料加工业	2256639
385	盘锦浩业化工有限公司	石油加工、炼焦和核燃料加工业	2254118
总计	11 家		80715730

2020 年			
排名	企业名称	所属行业	营收总额
28	大连万达集团股份有限公司	综合	16188267
57	中升（大连）集团有限公司	零售业	10091383
106	辽宁宝来生物能源有限公司	石油、煤炭及其他燃料加工业	7075916
107	盘锦北方沥青燃料有限公司	石油、煤炭及其燃料加工业	6985247
141	辽宁嘉晨控股集团有限公司	黑色金属冶炼和压延加工业	5862135
173	福佳集团有限公司	化学原料和化学制品制造业	4669130
190	辽宁禾丰牧业股份有限公司	农副食品加工业	4442822
237	盘锦浩业化工有限公司	石油、煤炭及其他燃料加工业	3768388
总计	8 家		59083288

续表

2021 年

排名	企业名称	所属行业	营收总额
72	辽宁方大集团实业有限公司	黑色金属冶炼和压延加工业	10197710
180	辽宁嘉晨控股集团有限公司	黑色金属冶炼和压延加工业	5312895
181	禾丰食品股份有限公司	农副食品加工业	5265492
191	福佳集团有限公司	化学原料和化学制品制造业	5031230
总计	4 家		25807327

2022 年

排名	企业名称	所属行业	营收总额
57	辽宁方大集团实业有限公司	黑色金属冶炼和压延加工业	13370261
148	禾丰食品股份有限公司	农副食品加工业	6653789
180	辽宁嘉晨控股集团有限公司	黑色金属冶炼和压延加工业	5691190
总计	3 家		25715240

2023 年

排名	企业名称	所属行业	营收总额
42	中升（大连）集团有限公司	零售业	17985697
150	禾丰食品股份有限公司	农副食品加工业	6911338
265	辽宁嘉晨控股集团有限公司	黑色金属冶炼和压延加工业	4562141
总计	3 家		29459176

资料来源：根据全国工商联发布的历年全国民营经济 500 强榜单整理所得。

2. 近 5 年来入围企业的变化

（1）辽宁省入围企业数量的变化分析。

在 2023 年中国民营企业 500 强榜单中，辽宁共有 3 家民营企业入围，入围数量与 2022 年持平。其中，禾丰食品股份有限公司连续 6 年入选榜单，嘉晨控股集团有限公司连续 5 年入选榜单，而中升（大连）集团有限公司则为新上榜企业，资料显示，中升（大连）集团有限公司是中国领先的全国性汽车经销商集团之一，专注于经营豪华和中高端品牌组合，于 2010 年在港交所上市。辽宁方大集团实业有限公司虽然没有入选民营企业 500 强榜单，却入选了 2023 年中国企业 500 强榜单，营业收入达到 1735.78 亿元，超过禾丰食品股份有限公司，接近排名辽宁榜单首位的中升集团，目前方大集团旗下拥有方大炭素、方大特钢、东北制药、中兴商业和海航控股 5 家上市公司，及众多控股、参股公司。其中，方大特钢入选了 2023 年民营企业 500 强榜单，企业位于江西萍乡。整体从入围企业数量来看，辽宁民营企业入选全国 500 强的数量在 2019 年达到巅峰的 11 家以后开始逐年下降，近两年仅为 3 家，为榜单设立以来入选榜单最低数量，在全国所有省份中排名第 21 位。此外，中升（大连）集团有限公司还入选了 2023 年中国服务业民营企业 100 强榜单（排名第 10）、禾丰食品股份有限公司、辽宁嘉晨控股集团有限公司则入选了 2023 年中国制造业企业 500 强榜单（排名分别为第 99 以及第 185）。

（2）辽宁省入围企业销售规模变化情况。

整体来看，2023 年，入围民营企业 500 强的营业收入规模门槛为 275.78 亿元，高于 2022 年的 263.67 亿元的标准。从辽宁省入围企业的营业收入规模看，两家留在榜单企业的营业收入一升一降，排名则有不同程度的下降，其中，辽宁嘉晨控股集团有限公司受市场环境影响，营收整体下降 19.8%，幅度较大。新入选的中升（大连）集团有限公司则以 1798.57 亿元的营收位列第 42 位。

（3）地域与行业分布特征。

从入围企业的行业分布来看，三家企业分属零售业、农副食品加工业以及黑色金属冶炼和压延加工业。进一步进行行业细分，则主要为汽车销售、食品加工业以及能源加工。从地域分布特点来看，入选的企业分别来自大连、沈阳、营口。

3. 省际比较分析

图 1～图 16 为以省份为单位的历年（2016～2023 年）入围企业的数量和营收总额情况。

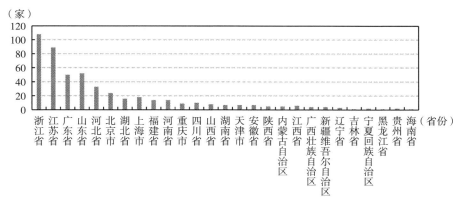

图 1　2023 年民营经济 500 强入选企业数量（分省份）情况

资料来源：根据全国工商联发布的历年全国民营经济 500 强榜单整理所得。

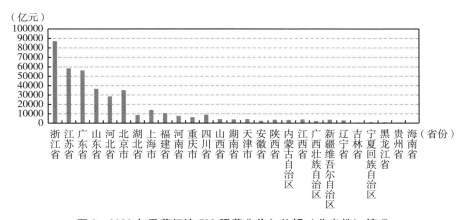

图 2　2023 年民营经济 500 强营业收入总额（分省份）情况

资料来源：根据全国工商联发布的历年全国民营经济 500 强榜单整理所得。

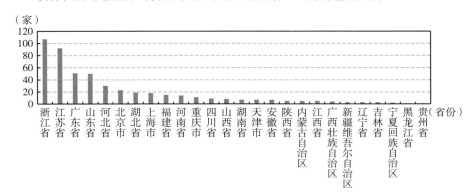

图 3　2022 年民营经济 500 强入选企业数量（分省份）情况

资料来源：根据全国工商联发布的历年全国民营经济 500 强榜单整理所得。

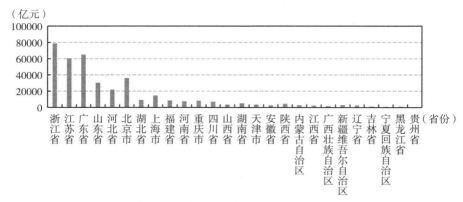

图4　2022年民营经济500强营业收入总额（分省份）情况

资料来源：根据全国工商联发布的历年全国民营经济500强榜单整理所得。

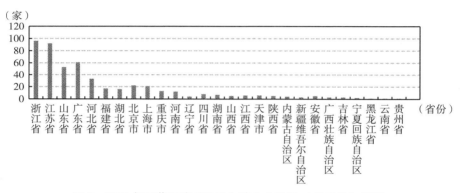

图5　2021年民营经济500强入选企业数量（分省份）情况

资料来源：根据全国工商联发布的历年全国民营经济500强榜单整理所得。

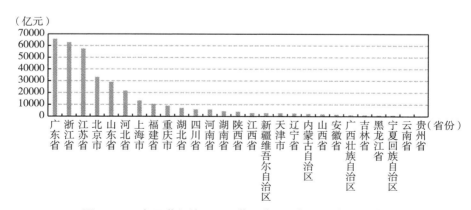

图6　2021年民营经济500强营业收入总额（分省份）情况

资料来源：根据全国工商联发布的历年全国民营经济500强榜单整理所得。

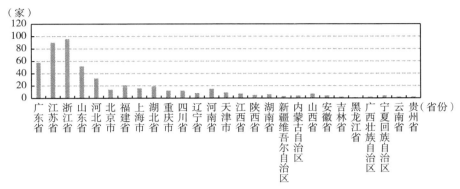

图7　2020年民营经济500强入选企业数量（分省份）情况

资料来源：根据全国工商联发布的历年全国民营经济500强榜单整理所得。

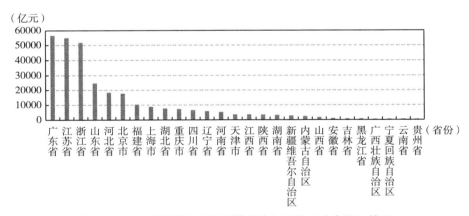

图8　2020年民营经济500强营业收入总额（分省份）情况

资料来源：根据全国工商联发布的历年全国民营经济500强榜单整理所得。

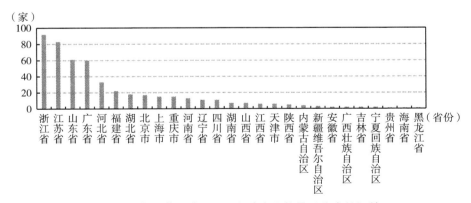

图9　2019年民营经济500强入选企业数量（分省份）情况

资料来源：根据全国工商联发布的历年全国民营经济500强榜单整理所得。

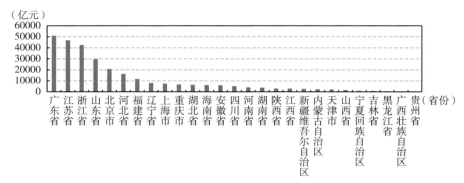

图10　2019年民营经济500强营业收入总额（分省份）情况

资料来源：根据全国工商联发布的历年全国民营经济500强榜单整理所得。

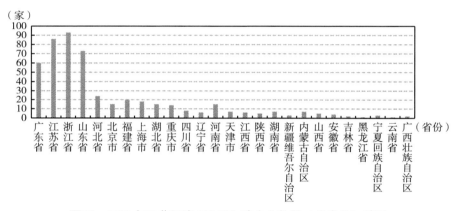

图11　2018年民营经济500强入选企业数量（分省份）情况

资料来源：根据全国工商联发布的历年全国民营经济500强榜单整理所得。

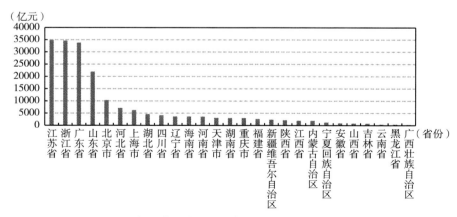

图12　2018年民营经济500强营业收入总额（分省份）情况

资料来源：根据全国工商联发布的历年全国民营经济500强榜单整理所得。

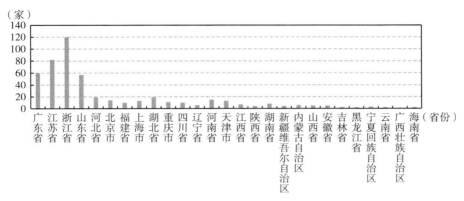

图 13　2017 年民营经济 500 强入选企业数量（分省份）情况

资料来源：根据全国工商联发布的历年全国民营经济 500 强榜单整理所得。

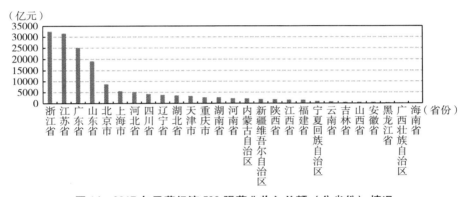

图 14　2017 年民营经济 500 强营业收入总额（分省份）情况

资料来源：根据全国工商联发布的历年全国民营经济 500 强榜单整理所得。

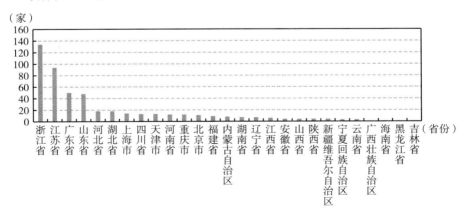

图 15　2016 年民营经济 500 强入选企业数量（分省份）情况

资料来源：根据全国工商联发布的历年全国民营经济 500 强榜单整理所得。

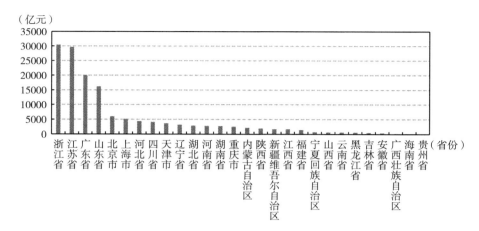

图16　2016年民营经济500强营业收入总额（分省份）情况
资料来源：根据全国工商联发布的历年全国民营经济500强榜单整理所得。

从入围企业数量来看，民营企业500强的省份分布较为稳定，江苏省、山东省、广东省等民营经济发达省份入选数量连年明显高于其他省份，其总和占比高达60%（以2023年为例）。据统计，2023年东部地区有396家企业入围民营企业500强，较上年增加3家，占比79.20%；西部地区有41家企业入围，较上年增加1家，占比为8.2%；中部地区则有58家企业入围，较上年减少2家，占比为11.60%；而东北地区入围企业仅为5家，较上年减少1家，占比仅为1%。

从入围企业营收总额来看，山东省、广东省、江苏省、浙江省等民营经济发达省份的营收总额要显著高于其他省份，且呈现增加趋势，2023年，东北地区入围企业营收总额4538.92亿元，较上年减少283.48亿元，降幅5.88%，成为唯一出现下降的地区。2023年，辽宁省入围企业营收总额为2945.92亿元，高于2022年的2571.52亿元，排名第21位。

（二）2023年辽宁省民营A股上市公司情况分析

1. 辽宁省民营A股上市公司整体情况

截至2023年底，辽宁省共有A股上市民营公司40家（注册地与办公地均为辽宁省辖区，具体见表2），数量与2022年持平，其中2023年新增上市公司3家（达利凯普、汇隆活塞、东和新材），控制权变更导致企业性质改变增加 1 家（铁岭新城），总计增加 4 家；同时 2023 年 1 家企业注册地址变更（威领股份）、2 家企业办公地址变更（大金股份、聆达股份）、1 家企业控制权变更导致企业性质改变，总计减少 4 家。从上市板块看，主板 20 家，科创板 4 家，创业板 11 家，北京证券交易所 5 家。上市公司资产总额 4464.25 亿元。上市公司主要涉及制造业、批发零售等 5 个行业，其中装备制造业为辽宁省民营上市公司的绝对主体，共有 33 家，占比 82.50%（具体见图 17）。从所属区域上看，沈阳市 13 家、大连市 12 家，三者占比 62.50%（具体见图 18）。

表 2　　　　　　　　　辽宁省民营 A 股上市公司一览

证券代码	证券简称	所属证监会行业名称	城市
000597.SZ	东北制药	制造业	沈阳市
000679.SZ	大连友谊	批发和零售业	大连市
000715.SZ	中兴商业	批发和零售业	沈阳市
000751.SZ	锌业股份	制造业	葫芦岛市
000809.SZ	铁岭新城	水利、环境和公共设施管理业	铁岭市
002231.SZ	奥维通信	制造业	沈阳市
002689.SZ	远大智能	制造业	沈阳市
002731.SZ	萃华珠宝	制造业	沈阳市
300082.SZ	奥克股份	制造业	辽阳市
300293.SZ	蓝英装备	制造业	沈阳市
300405.SZ	科隆股份	制造业	辽阳市
300473.SZ	德尔股份	制造业	阜新市
300573.SZ	兴齐眼药	制造业	沈阳市
300758.SZ	七彩化学	制造业	海城市
301007.SZ	德迈仕	制造业	大连市
301100.SZ	风光股份	制造业	营口市
301103.SZ	何氏眼科	卫生和社会工作	沈阳市
301349.SZ	信德新材	制造业	辽阳市
301566.SZ	达利凯普	制造业	大连市
600167.SH	联美控股	电力、热力、燃气及水生产和供应业	沈阳市
600303.SH	ST 曙光	制造业	丹东市
600306.SH	*ST 商城	批发和零售业	沈阳市

续表

证券代码	证券简称	所属证监会行业名称	城市
600346. SH	恒力石化	制造业	瓦房店市
600399. SH	抚顺特钢	制造业	抚顺市
600694. SH	大商股份	批发和零售业	大连市
603255. SH	鼎际得	制造业	营口市
603315. SH	福鞍股份	制造业	鞍山市
603360. SH	百傲化学	制造业	大连市
603399. SH	吉翔股份	制造业	凌海市
603609. SH	禾丰股份	制造业	沈阳市
603866. SH	桃李面包	制造业	沈阳市
688267. SH	中触媒	制造业	大连市
688305. SH	科德数控	制造业	大连市
688409. SH	富创精密	制造业	沈阳市
688529. SH	豪森智能	制造业	大连市
833455. BJ	汇隆活塞	制造业	大连市
835368. BJ	连城数控	制造业	大连市
836826. BJ	盖世食品	制造业	大连市
838810. BJ	春光药装	制造业	锦州市
839792. BJ	东和新材	制造业	海城市

资料来源：根据 Wind 数据库整理所得。

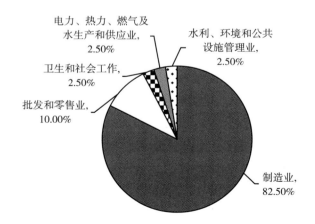

图17　辽宁民营上市公司行业分布情况
资料来源：根据 Wind 数据库整理所得。

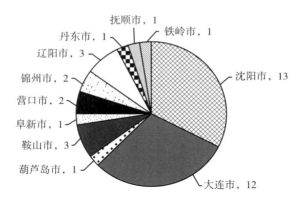

图18 辽宁民营上市公司地域分布情况

资料来源：作者根据 Wind 数据库整理所得。

从表3可以看出，2023年前三季度，辽宁省民营上市公司总资产规模上涨的有25家，下降的有15家，平均增长率为6.40%，低于2022年的14.86%的平均水平，也低于全国民营上市公司13.86%的平均水平，资产规模快速增长的态势有所下降，其中，连城数控以60.05%的同比增长率排名第一，整体上看，新上市的公司保持了较为高速的增长。与此同时，远大智能、奥维通信、科隆股份、德尔股份、*ST商城的总资产规模出现两位数的规模缩水。

表3　2023年前三季度辽宁省民营A股上市公司总资产同比增长情况　单位:%

证券代码	证券简称	同比增长率	证券代码	证券简称	同比增长率
835368. BJ	连城数控	60. 05	688409. SH	富创精密	5. 29
833455. BJ	汇隆活塞	59. 07	301349. SZ	信德新材	5. 02
838810. BJ	春光药装	57. 50	000715. SZ	中兴商业	4. 02
688529. SH	豪森智能	50. 62	603609. SH	禾丰股份	3. 04
002731. SZ	萃华珠宝	37. 27	300293. SZ	蓝英装备	3. 04
839792. BJ	东和新材	24. 96	603255. SH	鼎际得	− 0. 20
688305. SH	科德数控	12. 20	301103. SZ	何氏眼科	− 1. 28
600167. SH	联美控股	11. 96	000679. SZ	大连友谊	− 1. 28

续表

证券代码	证券简称	同比增长率	证券代码	证券简称	同比增长率
603399.SH	吉翔股份	9.88	688267.SH	中触媒	-1.90
600399.SH	抚顺特钢	9.26	600694.SH	大商股份	-2.06
300758.SZ	七彩化学	8.78	603315.SH	福鞍股份	-2.24
300573.SZ	兴齐眼药	8.32	300082.SZ	奥克股份	-3.56
603866.SH	桃李面包	8.11	000597.SZ	东北制药	-4.57
000751.SZ	锌业股份	8.04	600303.SH	ST曙光	-6.17
301100.SZ	风光股份	7.51	002689.SZ	远大智能	-14.07
301007.SZ	德迈仕	7.19	002231.SZ	奥维通信	-15.48
603360.SH	百傲化学	6.55	300405.SZ	科隆股份	-16.08
000809.SZ	铁岭新城	6.51	300473.SZ	德尔股份	-17.68
600346.SH	恒力石化	6.14	600306.SH	*ST商城	-89.89
836826.BJ	盖世食品	5.87	301566.SZ	达利凯普①	

注：①数据未披露。
资料来源：根据 Wind 数据库整理所得。

从表4可以看出，2023年前三季度，辽宁省民营A股上市公司营业收入总额为2746.17亿元，与上年同期相比增加了93.67亿元，增幅为3.50%，较往年有所下降，且低于全国6.22%的平均水平。从个股看，2023年辽宁省上市民营企业的营收情况差异较大，其中，*ST商城营收增长率最高，公司发布的公告显示，公司及时组织自营商品采购并采取分账式收银方式确保联营供应商货款的结算时效，公司自营业务和联营业务得以稳步恢复，2023年度营业收入较上年同期实现较大增加，但由于银行贷款纠纷，营收的增加并没有推动净利润的增加。而奥维通信则以39.18%的降幅连续两年排名倒数第一，公司发布的公告显示，营收减少主要是验收项目减少以及金属包装业务开展初期业务量尚未显现所致。

表4　2022 年前三季度辽宁省民营 A 股上市公司营业收入同比增长情况　单位:%

证券代码	证券简称	同比增长率	证券代码	证券简称	同比增长率
600306. SH	*ST 商城	78.71	600346. SH	恒力石化	1.62
835368. BJ	连城数控	73.95	301349. SZ	信德新材	0.93
000809. SZ	铁岭新城	72.70	603866. SH	桃李面包	0.77
603399. SH	吉翔股份	62.41	600694. SH	大商股份	− 0.94
002689. SZ	远大智能	48.71	000597. SZ	东北制药	− 2.52
688305. SH	科德数控	41.62	300758. SZ	七彩化学	− 4.34
688409. SH	富创精密	37.28	000751. SZ	锌业股份	− 4.96
300293. SZ	蓝英装备	35.73	600167. SH	联美控股	− 5.01
688529. SH	豪森智能	32.48	838810. BJ	春光药装	− 5.83
836826. BJ	盖世食品	32.12	839792. BJ	东和新材	− 6.41
301103. SZ	何氏眼科	22.38	833455. BJ	汇隆活塞	− 9.76
603609. SH	禾丰股份	14.33	688267. SH	中触媒	− 10.79
000715. SZ	中兴商业	13.64	603255. SH	鼎际得	− 11.11
300473. SZ	德尔股份	10.50	301100. SZ	风光股份	− 13.95
301007. SZ	德迈仕	10.30	603360. SH	百傲化学	− 15.25
300573. SZ	兴齐眼药	10.02	600303. SH	ST 曙光	− 27.74
600399. SH	抚顺特钢	9.36	300082. SZ	奥克股份	− 31.66
000679. SZ	大连友谊	8.72	301566. SZ	达利凯普	− 33.12
603315. SH	福鞍股份	4.00	300405. SZ	科隆股份	− 38.01
002731. SZ	萃华珠宝	1.76	002231. SZ	奥维通信	− 39.18

资料来源：根据 Wind 数据库整理所得。

　　从表5可以看出，上市公司净利润的离散程度远高于其营业收入，2023 年前三季度辽宁省民营 A 股上市公司中有 18 家净利润出现不同程度的上升，其中，锌业股份得益于有色金属价格波动导致的价格差，使得其盈利扭亏为盈，增幅高达 8556.09%。而奥克股份则主要由于市场产能增长过快带来的价格竞争，导致企业收入与盈利大幅下降。值得注意的是，一些净利润上涨幅度较大的公司在扣除非经常性损益后净利润增长大幅度下滑，可见这种净利润的增长不具有可持续性。

表5   2023 年前三季度辽宁省民营 A 股上市公司净利润同比增长情况   单位:%

证券代码	证券简称	同比增长率	证券代码	证券简称	同比增长率
000751. SZ	锌业股份	8556.09	603866. SH	桃李面包	−6.24
002689. SZ	远大智能	255.40	600346. SH	恒力石化	−6.42
300473. SZ	德尔股份	118.73	600694. SH	大商股份	−9.48
002731. SZ	萃华珠宝	108.51	300573. SZ	兴齐眼药	−10.11
688305. SH	科德数控	94.52	688409. SH	富创精密	−13.96
835368. BJ	连城数控	82.65	603360. SH	百傲化学	−15.80
000597. SZ	东北制药	71.62	833455. BJ	汇隆活塞	−27.18
000715. SZ	中兴商业	66.48	839792. BJ	东和新材	−31.47
603315. SH	福鞍股份	65.50	600303. SH	ST 曙光	−34.89
000679. SZ	大连友谊	63.01	301100. SZ	风光股份	−37.65
002231. SZ	奥维通信	54.30	301566. SZ	达利凯普	−40.13
301103. SZ	何氏眼科	46.41	838810. BJ	春光药装	−43.01
688529. SH	豪森智能	24.03	603255. SH	鼎际得	−43.82
300405. SZ	科隆股份	23.85	688267. SH	中触媒	−49.91
301007. SZ	德迈仕	13.13	301349. SZ	信德新材	−54.80
300293. SZ	蓝英装备	7.61	300758. SZ	七彩化学	−91.41
000809. SZ	铁岭新城	7.37	603609. SH	禾丰股份	−98.96
600167. SH	联美控股	4.06	603399. SH	吉翔股份	−206.26
836826. BJ	盖世食品	−0.41	600306. SH	＊ST 商城	−474.53
600399. SH	抚顺特钢	−5.58	300082. SZ	奥克股份	−1193.90

资料来源：根据 Wind 数据库数据整理所得。

2. 2023 年辽宁省民营上市公司经营业绩对比分析：以制造业为例

由于辽宁省上市公司中制造业企业占了绝大多数（40 家上市企业中，有 33 家为制造业，占比 82.5%），为了更好地进行区域与行业对比，本部分以制造业为例进行 2023 年辽宁省民营上市公司经营业绩的对比分析。

（1）盈利能力分析。

从净资产收益率指标看（见表6），辽宁省民营制造业平均的净资产收益率为 3.86%，在全国省份排名第 19 位（2022 年排名第 22 位），高于全国平均水平，相对于 2022 年的 5.35%，盈利能力有所下降。从为企业所有者权益的获利能力角度分析，辽宁省制造业企业的盈利能力并不强，这与辽宁省制造业强省的身份是不匹配的。从个体上看，辽宁省有 6 家企业的净资产收益率为负，其中 ST 曙光的净资产收益率连续两年排名最低，为 - 12.25%；百傲化学的净资产收益率最高，为 18.57%。

表6　　　　2023 年前三季度民营制造业上市公司净资产收益率情况　　　单位：%

排序	省份	净资产收益率	排序	省份	净资产收益率
1	海南省	7.11	17	重庆市	3.93
2	河南省	6.63	18	广东省	3.89
3	西藏自治区	6.50	19	辽宁省	3.86
4	浙江省	6.41	20	安徽省	3.56
5	河北省	6.30	21	江西省	3.34
6	广西壮族自治区	6.16	22	四川省	3.27
7	内蒙古自治区	5.76	23	天津市	2.91
8	青海省	5.72	24	福建省	2.34
9	贵州省	5.56	25	黑龙江省	1.10
10	陕西省	5.30	26	云南省	- 0.03
11	湖南省	5.17	27	北京市	- 0.11
12	江苏省	5.15	28	新疆维吾尔自治区	- 3.47
13	上海市	4.87	29	宁夏回族自治区	- 4.08
14	山东省	4.84	30	甘肃省	- 8.16
15	湖北省	4.53	31	吉林省	- 175.91
16	山西省	4.22		全国平均	3.32

资料来源：根据 Wind 数据库计算所得。

从总资产收益率指标（见表7）来看，辽宁省民营制造业平均的总资产收益率为 2.49%，在全国省份排名第 24 位，低于全国平均水平的 3.22%，对比 2022 年的 5.75%，数据与排名均进一步下降。总体上看，从公司的竞争实力和发展能力角度分析，辽宁省民营制造业企业的盈利能力比较低。具体到个体，2022 年，辽宁省有 6 家企业的总资产收益率为负，其中 ST 曙光的总资产收益率最低，为 - 6.45%；百傲化学的总资产收益率最高，为 15.66%。

表7　　　　　2023 年前三季度民营制造业上市公司总资产收益率情况　　　单位:%

排序	省份	总资产收益率	排序	省份	总资产收益率
1	河南省	4.46	17	西藏自治区	3.14
2	广西壮族自治区	4.12	18	上海市	3.07
3	青海省	4.08	19	湖北省	2.74
4	浙江省	4.07	20	江西省	2.70
5	河北省	3.99	21	山西省	2.70
6	新疆维吾尔自治区	3.82	22	广东省	2.66
7	陕西省	3.67	23	福建省	2.62
8	内蒙古自治区	3.60	**24**	**辽宁省**	**2.49**
9	江苏省	3.59	25	北京市	1.97
10	湖南省	3.57	26	海南省	1.74
11	黑龙江省	3.39	27	天津市	1.64
12	安徽省	3.33	28	宁夏回族自治区	0.77
13	山东省	3.33	29	吉林省	0.69
14	贵州省	3.31	30	云南省	0.05
15	重庆市	3.23	31	甘肃省	-1.00
16	四川省	3.18		**全国平均**	**3.22**

资料来源: 根据 Wind 数据库数据所得。

　　从销售净利率指标看 (见表8), 辽宁省企业营业收入创造净利润的能力相对较低。2022 年, 辽宁省民营制造业企业的平均销售净利率为 6.80%, 低于全国平均水平的 7.44%, 位列全国第 18 位, 对比 2022 年的 7.02% 有所下降, 说明辽宁省民营制造业企业在改进经营管理方面还有较大的提升空间。从个体看, 辽宁省民营制造业上市企业的销售创利方面差距较大, 有 34 家企业销售净利率为正, 其中 ST 曙光以 -26.28% 排名垫底, 而达利凯普则以 36.33% 的销售净利率居于首位。

表8   2023 年前三季度民营制造业上市公司销售净利率情况   单位：%

排序	省份	销售净利率	排序	省份	销售净利率
1	河南省	13.21	17	山东省	6.98
2	新疆维吾尔自治区	12.19	**18**	**辽宁省**	**6.80**
3	广西壮族自治区	12.14	19	江西省	6.44
4	内蒙古自治区	11.55	20	北京市	6.08
5	浙江省	9.41	21	青海省	6.00
6	四川省	9.30	22	广东省	5.28
7	重庆市	9.18	23	山西省	5.26
8	湖南省	9.05	24	天津市	5.08
9	河北省	8.91	25	福建省	5.05
10	贵州省	8.35	26	吉林省	3.67
11	黑龙江省	8.23	27	海南省	2.23
12	江苏省	8.17	28	西藏自治区	0.76
13	湖北省	7.97	29	甘肃省	-6.33
14	安徽省	7.86	30	云南省	-9.42
15	陕西省	7.81	31	宁夏回族自治区	-22.56
16	上海市	7.67		**全国平均水平**	**7.44**

资料来源：根据 Wind 数据库计算所得。

（2）资产质量状况分析。

从表9可以看出，2023 年前三季度辽宁省民营制造业上市公司的总资产周转率为 0.50 次，与 2022 年相当（0.54 次），位列全国第 2 位，排名较上年提升了 1 个位次，且高于全国 0.42 次的平均水平，这说明辽宁省制造业企业资产运营效率相对较高，且发展态势良好。此外，综合辽宁省民营制造业上市企业相对较低的销售净利率以及相对较高的总资产周转率的特点进行分析，这说明辽宁省民营制造业企业的经营特点为薄利多销，同时也从侧面反映了辽宁省民营制造业企业产品的经济附加值需要进一步提升。

表9 **2023 年前三季度民营制造业上市公司总资产周转率情况** 单位：次

排序	省份	总资产周转率	排序	省份	总资产周转率
1	山西省	0.52	17	西藏自治区	0.40
2	**辽宁省**	**0.50**	18	江西省	0.39
3	山东省	0.48	19	新疆维吾尔自治区	0.37
4	湖南省	0.48	20	河南省	0.37
5	安徽省	0.46	21	青海省	0.36
6	贵州省	0.46	22	四川省	0.36
7	浙江省	0.45	23	湖北省	0.35
8	重庆市	0.45	24	陕西省	0.33
9	广东省	0.44	25	北京市	0.32
10	河北省	0.44	26	内蒙古自治区	0.29
11	福建省	0.44	27	吉林省	0.28
12	江苏省	0.42	28	宁夏回族自治区	0.28
13	海南省	0.42	29	云南省	0.26
14	天津市	0.41	30	甘肃省	0.25
15	上海市	0.41	31	黑龙江省	0.25
16	广西壮族自治区	0.40		**全国平均**	**0.42**

资料来源：根据 Wind 数据库数据所得。

从表10可以看出，2023年前三季度辽宁省民营制造业上市公司的平均应收账款周转率为10.14次，高于全国8.53次的平均水平，同时高于辽宁省2022年9.39次的水平。这一方面说明辽宁省民营制造业上市公司的收账效率与管理效率在不断提升，资产流动性增强，偿债能力在稳步上升；另一方面则表明整个市场可能存在信用标准高，信用期间短，收账政策严格，付款条件苛刻等信用市场不完善的情况，这样则会在一定程度上限制公司销售收入的扩大，虽然提升了应收账款的周转率，但是影响了公司盈利的提升。

表 10　　2023 年前三季度民营制造业上市公司应收账款周转率情况　　单位：次

排序	省份	应收账款周转率	排序	省份	应收账款周转率
1	吉林省	78.24	17	浙江省	8.44
2	宁夏回族自治区	52.75	18	四川省	8.19
3	海南省	48.04	19	云南省	7.61
4	山西省	31.00	20	陕西省	7.31
5	黑龙江省	30.18	21	广东省	6.56
6	甘肃省	24.44	22	天津市	6.06
7	重庆市	19.74	23	广西壮族自治区	5.59
8	青海省	18.06	24	上海市	5.55
9	内蒙古自治区	16.53	25	江苏省	5.51
10	河北省	15.03	26	河南省	4.93
11	安徽省	13.45	27	北京市	4.83
12	山东省	11.10	28	福建省	4.68
13	湖南省	10.33	29	贵州省	4.50
14	**辽宁省**	**10.14**	30	新疆维吾尔自治区	4.06
15	西藏自治区	8.81	31	湖北省	3.83
16	江西省	8.52		**全国平均**	**8.53**

资料来源：根据 Wind 资讯数据所得。

（3）债务风险状况分析。

从表 11 可以看出，2022 年前三季度，辽宁省民营制造业上市企业的平均资产负债率为 41.02%，低于上年 43.95% 的水平，同时高于全国 35.25% 的平均水平。排名全国第 26 位，处于较高水平。整体上从绝对值看，辽宁省民营制造业上市企业的平均资产负债率处在较为安全的范围之内，整体资本结构合理，债务使用率较高，但相对较高的资产负债率在一定程度上说明辽宁省民营制造业企业的资本市场利用率较低，企业面临着较高财务风险的可能，进而影响其他方面的投入。从个体上看，恒力石化以 77.56％的资产负债率位居第一，其财务潜在的财务风险值得关注，而中触媒的资产负债率仅为 6.53％，说明企业运用外部资金的能力相对较弱。

表 11　　　　2023 年前三季度民营制造业上市公司资产负债率情况　　　单位：%

排序	省份	资产负债率	排序	省份	资产负债率
1	青海省	26.54	17	山西省	35.82
2	北京市	27.42	18	浙江省	35.92
3	云南省	27.82	19	广东省	36.61
4	陕西省	29.79	20	内蒙古自治区	36.94
5	河南省	30.01	21	吉林省	37.52
6	重庆市	32.40	22	福建省	37.53
7	广西壮族自治区	32.62	23	湖南省	37.69
8	天津市	32.78	24	安徽省	37.83
9	上海市	33.34	25	黑龙江省	40.77
10	湖北省	33.48	**26**	**辽宁省**	**41.02**
11	河北省	33.49	27	贵州省	41.05
12	四川省	33.49	28	新疆维吾尔自治区	47.23
13	山东省	34.00	29	甘肃省	49.69
14	西藏自治区	35.06	30	宁夏回族自治区	50.76
15	江苏省	35.30	31	海南省	51.29
16	江西省	35.45		**全国平均**	**35.25**

资料来源：根据 Wind 资讯计算所得。

从表 12 可以看出，2023 年前三季度，辽宁省民营制造业企业的平均已获利息倍数为 2.61，排名第 24 位，显著低于 2022 年 5.49 的水平，同时显著低于全国 5.49 的平均水平。从理论上分析，已获利息保障倍数低于 3，被认为存在一定的偿债隐患，辽宁省 2.61 的平均水平说明辽宁省民营制造业企业的偿债隐患已经存在，且部分民营制造业企业面临着亏损、偿债的安全性与稳定性下降的风险。

表 12　　　　2023 年前三季度民营制造业上市公司已获利息倍数情况

排序	省份	已获利息倍数	排序	省份	已获利息倍数
1	河北省	17.86	17	广西壮族自治区	4.30
2	陕西省	17.25	18	湖北省	4.18
3	河南省	15.47	19	广东省	4.16
4	湖南省	10.46	20	安徽省	3.98
5	贵州省	10.31	21	山西省	3.57
6	新疆维吾尔自治区	9.23	22	宁夏回族自治区	3.44
7	江苏省	7.70	23	福建省	2.92
8	重庆市	7.36	24	**辽宁省**	**2.61**
9	山东省	7.20	25	江西省	1.30
10	浙江省	6.54	26	吉林省	1.26
11	内蒙古自治区	6.13	27	云南省	1.11
12	北京市	5.80	28	黑龙江省	1.10
13	西藏自治区	5.56	29	海南省	0.08
14	上海市	5.29	30	甘肃省	0.07
15	四川省	5.09	31	青海省	-3.01
16	天津市	4.64		**全国平均**	**5.49**

资料来源：根据 Wind 资讯计算所得。

（4）经营增长状况分析。

从表 13 可以看出，2023 年前三季度，辽宁省民营制造业企业的营业收入增长率为 2.99%，全国排名第 22 位，低于 6.58% 的全国平均水平，也显著低于辽宁省 2022 年 24.77% 的平均水平。整体上看，2023 年，包括辽宁省在内的全国民营制造业企业的经营面临着较大的压力，大多数企业的营收增长率显著放缓。从个体上看，2023 年前三季度有 15 家上市公司的营业收入为负，有 6 家企业连续两年的营业收入为负，奥维通信连续两年的营收增长垫底，其可持续经营情况值得关注。

表13　　　2023 年前三季度民营制造业上市公司营业收入增长情况　　单位:%

排序	省份	增长率	排序	省份	增长率
1	吉林省	43.43	17	河北省	5.92
2	内蒙古自治区	21.22	18	甘肃省	5.78
3	贵州省	20.90	19	广东省	4.43
4	湖南省	18.89	20	江西省	4.43
5	海南省	18.19	21	黑龙江省	3.20
6	山西省	16.49	22	**辽宁省**	**2.99**
7	四川省	11.17	23	福建省	2.80
8	北京市	11.13	24	浙江省	2.16
9	河南省	9.40	25	广西壮族自治区	0.41
10	江苏省	9.24	26	青海省	-1.32
11	山东省	8.24	27	天津市	-3.42
12	湖北省	7.36	28	西藏自治区	-3.95
13	上海市	7.33	29	云南省	-6.58
14	安徽省	7.16	30	新疆维吾尔自治区	-8.17
15	重庆市	6.64	31	宁夏回族自治区	-24.58
16	陕西省	6.50		**全国平均**	**6.58**

资料来源：根据 Wind 资讯计算所得。

从表14 可以看出，2023 年前三季度，辽宁省民营制造业企业的研发费用总额占营业收入的 4.29%，排在全国第 22 位，低于全国 7.31% 的平均水平。该指标值在经历连续三年下滑后，连续两年实现小幅上涨，但仍低于全国平均水平。整体上看，企业的研发费用能够反映企业技术方面的投入力度，从而在一定程度反映企业未来经营发展的可持续性，从这一点来看，辽宁省民营制造业企业增长在技术方面的支撑有待强化。从个体上看，2023 年前三季度，辽宁省有 7 家民营制造业企业的研发支出总额占营业收入之比不足 1.00%，且企业研发投入不足的情况仍在持续。

表14　　　　2023 年前三季度民营制造业上市公司研发费用情况　　单位:%

排序	省份	研发费用占比	排序	省份	研发费用占比
1	天津市	16.42	17	山东省	5.06
2	北京市	15.75	18	海南省	5.02

续表

排序	省份	研发费用占比	排序	省份	研发费用占比
3	上海市	12.28	19	宁夏回族自治区	4.70
4	陕西省	10.04	20	江西省	4.48
5	四川省	8.46	21	重庆市	4.47
6	广东省	8.09	**22**	**辽宁省**	**4.29**
7	湖北省	7.98	23	吉林省	4.28
8	黑龙江省	7.53	24	广西壮族自治区	4.07
9	江苏省	6.76	25	河北省	4.02
10	安徽省	6.58	26	山西省	3.83
11	河南省	6.40	27	甘肃省	3.69
12	湖南省	6.38	28	内蒙古自治区	3.00
13	西藏自治区	6.27	29	贵州省	2.88
14	云南省	5.83	30	青海省	2.67
15	福建省	5.75	31	新疆维吾尔自治区	2.57
16	浙江省	5.51		**全国平均**	**7.31**

资料来源：根据 Wind 资讯计算所得。

综上所述，截至 2023 年前三季度，辽宁省民营制造业企业的盈利能力与其他省份相比仍较为落后，辽宁省在三项盈利指标的全国排名均在后50%，这与辽宁省制造业大省的历史地位并不匹配，相对较低的销售利润率说明辽宁省民营制造业企业在改进经营管理方面还有较大的提升空间。

从资产质量状况上看，整体上，辽宁省民营制造业企业的资产质量高于全国平均水平，同时辽宁省民营制造业企业的经营特点为薄利多销，由此说明民营制造业企业产品的经济附加值需要进一步提升；从绝对值看，辽宁省民营制造业上市企业的平均资产负债率处在较为安全范围之内，整体资本结构合理，但相对较高的资产负债率在一定程度上说明辽宁省民营制造业企业的资本市场利用率较低，企业面临着较高财务风险的可能，进而影响研发支出，同时应收账款周转率的提升一方面说明辽宁省民营制造业上市公司的收账效率与管理效率在提升，资产流动性增强，偿债能力在上升；另一方面则表明整个市场可能存在信用恶化的情况。例如，信用标准高、信用期间短、收账政策严格、付款条件苛刻，这样则会在一定程度上限制公司销售收入的扩大，进而影响公司的盈利。最后，从经营增长状况分析，辽宁省民营制造业企业的经营保持了相对稳定的增长，但是研发投入不足，这就限制了企业核心竞争力的形成。

（三）辽宁中小（新三板）民营企业的经营状况分析

截至 2024 年 2 月，辽宁省共有 118 家民营企业在新三板市场上市，其行业分布与地区分布如图 19、图 20 所示。如图 19 所示，2023 年，辽宁省新三板民营企业在地区分布上严重不平衡，沈阳、大连两地共有 81 家，占比 68.6%，其他 12 个城市中共 37 家；如图 20 所示，在产业分布上，主要以制造业为主，其中有 63 家上市企业为制造业企业，占比为 53.4%，其次是信息传输、软件和信息技术服务业，共有 21 家企业。

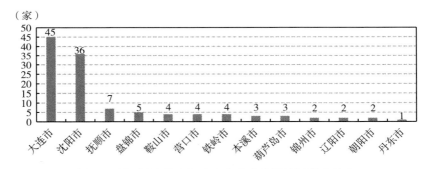

图 19　新三板市场中辽宁省上市企业的地区分布情况

资料来源：根据 Wind 数据库计算所得。

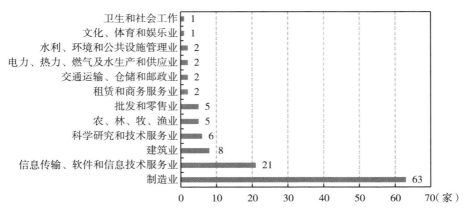

图 20　新三板市场中辽宁省民营上市企业的行业分布情况

资料来源：根据 Wind 数据库计算所得。

从表 15 可以看出，辽宁省新三板上市民营企业的规模增速在经历了 2017 年的相对高速扩张后开始回落，2022 年辽宁省新三板上市企业的总资产规模增长率的中位数值仅为 1.03%，增速为历年最低。与全国中位数水平相比，辽宁省新三板上市民营企业的成长中位值均低于全国中位值水平，辽宁省与全国整体的差距在拉大。从表 16 的计算结果看，辽宁省新三板上市民营企业的营业收入中位数增长率波动显著，尤其是受疫情影响，2020 年的营业收入中位数增长率为负数，2022 年辽宁省新三板上市民营企业的营业收入增长中位值仅为 0.19%，但高于全国中位数水平，整体上看，辽宁省中小民营企业的经营稳定性较差，波动性明显。

表 15　　　辽宁省新三板上市民营企业历年总资产增长比较情况　　　单位:%

指标	2017 年	2018 年	2019 年	2020 年	2021 年	2022 年
辽宁中位数	8.61	2.19	3.99	1.16	5.44	1.03
全国中位数	11.98	6.76	4.56	5.81	8.29	3.71

资料来源：根据 Wind 数据库数据所得。

表 16　　　辽宁省新三板上市民营企业历年营业收入增长比较情况　　　单位:%

指标	2017 年	2018 年	2019 年	2020 年	2021 年	2022 年
辽宁中位数	12.55	1.96	5.81	−7.48	11.09	0.19
全国中位数	16.07	8.70	5.37	1.07	14.63	−0.99

资料来源：根据 Wind 数据库数据所得。

1. 盈利能力分析

本报告主要采用净资产收益率、总资产收益率以及销售净利率三个指标来对比分析辽宁省新三板上市民营企业的盈利能力。从表 17 的数据可以看出，辽宁省新三板上市民营企业的净资产收益率呈现逐渐下降的趋势，降幅呈收窄趋势，2022 年辽宁省新三板上市民营企业的中位数值仅为 2.02%，显著低于 2017 年 7.60% 的水平，并与全国水平的差距明显，这说明辽宁省民营中小企业的自有资本使用效率低下的问题较为突出，股东创造财富的能力不强，直接影响了民间资本进入辽宁省经济实体的积极性。

表 17　　　　辽宁省新三板上市民营企业历年净资产收益率情况　　　单位:%

指标	2017 年	2018 年	2019 年	2020 年	2021 年	2022 年
辽宁中位数	7.60	3.86	3.89	2.94	2.84	2.02
全国中位数	8.91	6.73	6.23	6.29	7.02	5.72

资料来源：笔者根据 Wind 数据库计算所得。

从表 18 的数据可以看出，2017 年至 2022 年，辽宁省新三板上市民营企业的总资产报酬率持续下降，2022 年辽宁省新三板上市民营企业的总资产报酬率中位数值为 1.44%，这一数值显著低于辽宁省 2017 年 5.48% 的中位数值水平，同时也远低于全国 3.57% 的中位数值水平。这说明现阶段，辽宁省新三板上市民营企业的总体获利能力相对较低，企业的资金利用效率不高。另外，这也与辽宁省新三板上市民营企业的产业集中于制造业有关。近年来，受内、外因素变化的影响，我国制造业整体产业景气度不足，直接影响了企业的盈利能力。近年来，在政策扶持及科技创新的驱动下，我国制造业不断转型升级，产业结构得到持续优化，期待盈利能力有所提升。

表 18　　　　辽宁省新三板上市民营企业历年总资产报酬率对比情况　　　单位:%

指标	2017 年	2018 年	2019 年	2020 年	2021 年	2022 年
辽宁中位数	5.48	4.03	3.77	3.54	2.51	1.44
全国中位数	6.85	5.42	4.96	5.23	5.12	3.57

资料来源：笔者根据 Wind 数据库计算所得。

从表 19 的数据可以看出，辽宁省新三板上市民营企业的销售净利率同样呈现出逐渐下降的趋势，2022 年辽宁省新三板上市民营企业的销售净利率中位数值仅为 1.80%，显著低于辽宁省 2017 年 6.54% 的中位数值水平，同时也低于 2022 年全国 3.33% 的中位数值水平。较低的销售净利率说明辽宁省中小民营企业销售的盈利能力较弱，企业面临着较大的盈利压力。辽宁省民营中小企业在面临扩大生产、扩大销售压力的同时也需要注意改进经营管理，合理控制成本。

表 19　　　辽宁省新三板上市民营企业历年销售净利率对比情况　　　单位：%

指标	2017 年	2018 年	2019 年	2020 年	2021 年	2022 年
辽宁中位数	6.54	4.05	3.10	2.06	1.78	1.80
全国中位数	5.54	4.14	3.78	4.02	3.79	3.33

资料来源：笔者根据 Wind 数据库计算所得。

2.　资产质量状况分析

本报告主要采用总资产周转率、应收账款周转率等指标来对比分析辽宁省新三板上市民营企业的资产质量状况。从表 20 可以看出，2017~2022年辽宁省中小民营企业的总资产周转率呈现较为稳定的状况，2022 年，辽宁省民营中小企业的总资产周转率中位数值为 0.60 次，与全国中位数相比，辽宁省中小民营企业的总资产周转率始终较低。较低的总资产周转率说明辽宁省新三板民营上市企业资产的运营能力不高，销售能力下降、存货增多以及闲置资金增多等因素导致了企业总资产周转率的下降。

表 20　　　辽宁省新三板上市民营企业历年总资产周转率比较情况　　　单位：次

指标	2017 年	2018 年	2019 年	2020 年	2021 年	2022 年
辽宁中位数	0.68	0.63	0.64	0.57	0.66	0.60
全国中位数	0.81	0.78	0.75	0.71	0.75	0.70

资料来源：笔者根据 Wind 数据库计算所得。

从表 21 可以看出，辽宁省新三板上市民营企业的应收账款周转率从 2017 年的 2.65 次，逐年提升至 2022 年的 3.26 次，而且与全国中位值水平的差距并不明显。这说明辽宁省民营中小企业应收账款流动速度加快，公司资金的使用效率在不断提高。与此同时，这种差距差也说明辽宁省金融支持民营企业发展的力度还需进一步加强，信用市场建设还有待完善。

表 21　　　辽宁省新三板上市民营企业历年应收账款周转率比较情况　　　单位：次

指标	2017 年	2018 年	2019 年	2020 年	2021 年	2022 年
辽宁中位数	2.65	2.71	3.19	3.20	3.66	3.26
全国中位数	3.71	3.60	3.48	4.48	3.88	3.55

资料来源：笔者根据 Wind 数据库计算所得。

3.　债务风险状况分析

本报告主要采用资产负债率、已获利息倍数等指标来对比分析辽宁省新三板上市民营企业的债务风险状况。从表 22 可以看出，辽宁省新三板上市民营企业的资产负债率呈持续上升的趋势，从 2017 年的 40.64% 上升到 2022 年的 45.68%。2018～2022 年，历年中位数水平都低于全国中位数水平；整体上看，辽宁省民营中小企业的资本结构较为合理，财务风险较低，但是持续提升的资产负债率需要进一步关注。但与此同时，与全国水平的差距也从侧面反映出辽宁省民营中小企业的外部资金利用率还有提升的空间。

表 22　　　　　　辽宁新三板上市民营企业历年资产负债率比较情况　　　　单位：%

指标	2017 年	2018 年	2019 年	2020 年	2021 年	2022 年
辽宁中位数	40.64	37.16	40.32	41.25	45.77	45.68
全国中位数	38.77	39.95	41.76	44.00	47.57	47.65

资料来源：笔者根据 Wind 数据库计算所得。

从表 23 可以看出，2017～2022 年五年间，辽宁省民营中小企业的已获利息倍数呈现整体下降的趋势，2022 年已经下降到 2.59 倍的低值，低于全国 3.35 倍的中位数水平，同时低于 3 倍的安全值。这说明辽宁省中小民营企业的长期偿债能力非常弱，债务风险不断加强，未来亟须关注民营中小企业债务的偿还问题。同时结合辽宁省相对较低的资产负债率进行综合分析，一方面说明辽宁省民营中小企业盈利能力非常弱，无法充足覆盖利息支出；另一方面也说明辽宁省民营中小企业的融资成本可能较高，进而增加企业的偿还压力。

表 23　　　　　辽宁省新三板上市民营企业已获利息倍数比较情况　　　　单位：倍

指标	2017 年	2018 年	2019 年	2020 年	2021 年	2022 年
辽宁中位数	4.60	3.29	2.81	2.66	2.14	2.59
全国中位数	7.05	5.05	4.93	5.74	5.30	3.35

资料来源：笔者根据 Wind 数据库计算所得。

4. 成长性

本报告主要采用研发费用占营业收入比重来反映企业的未来成长性。从表 24 可以看出，2017～2022 年，辽宁省新三板上市民营企业研发费用占比较为稳定，略高于全国中位数水平，这为企业核心竞争力的培育以及企业的可持续增长奠定了较为坚实的基础。但值得注意的是，这可能与辽宁省新三板上市企业较低的营业收入有关。根据数据统计，2022 年，辽宁新三板上市民营企业的研发费用的中位值为 565.05 万元，低于全国 632.90 万元的平均水平。

表 24　　　　辽宁省新三板上市民营企业研发费用占比比较情况　　　单位：%

指标	2017 年	2018 年	2019 年	2020 年	2021 年	2022 年
辽宁中位数	4.73	6.06	5.92	7.02	6.33	6.58
全国中位数	5.38	5.80	5.85	5.88	5.73	5.95

资料来源：笔者根据 Wind 数据库计算所得。

综上所述，面对复杂严峻的国际环境和艰巨繁重的国内改革发展稳定的任务，辽宁省民营中小企业发展整体势头良好，但仍面临着一些困境。通过对辽宁省新三板上市民营企业经营情况的对比分析，可以得出辽宁省中小民营企业经营的基本现状。首先，辽宁省民营中小企业上市的地域结构与产业结构相对失衡，辽宁省民营中小企业发展迅速的地区在沈阳和大连，其他城市数量较少，绝大多数民营中小企业为制造业，反映出辽宁省整体的产业特征；其次，辽宁省民营中小企业的规模扩张能力在减弱，无论是总资产增速还是营业收入增速都在回落，且经营稳定性较差；再次，辽宁省民营中小企业的资产质量状况尚可，各项指标略低于全国平均中位数水平；进一步地，辽宁省民营中小企业的资本结构较为合理，但是长期偿债能力呈现弱化趋势，债务风险不容忽视；最后，民营中小企业科研投入不及全国平均水平，科技创新对辽宁省民营中小企业可持续发展的支撑引领作用有待增强。

三、2024 年辽宁省民营经济高质量发展的思路

2024 年辽宁要加快补短板强弱项。向短板要增量，向差距要潜能，向劣势求突破，推动民营经济实现大发展。据辽宁省市场监管局预测，2024 年经营主体将超过 545 万户，企业活跃度超过全国总体水平，净增规上工业企业 650 户，新增创新型中小企业 1000 户、科技型中小企业 6000 户、

高新技术企业 1500 户。

（一）坚持以科技创新推动产业创新，打造高质量发展的"强引擎"

辽宁省科教资源丰富，拥有高等院校 114 所、全国重点实验室 11 家、"两院"院士 61 人，科技型中小企业突破 3.3 万家。要以争创具有全国影响力的区域科技创新中心为抓手，加快创新链产业链资金链人才链深度融合，努力把科技创新这个"最大变量"转化为推动高质量发展的"最大增量"。

持续开展科技企业梯度培育方面，加快构建"科技型中小企业—高新技术企业—瞪羚独角兽企业"梯度培育体系；建立科技成果转化基金、风险投资基金，增加"银行＋担保"联动等科技金融产品。

支持企业建设创新平台，在解决行业共性关键技术方面，优化科技创新平台布局，支持有条件的企业布局建设全国重点实验室、技术创新中心等创新平台，鼓励行业龙头企业联合高校院所和行业上下游企业共建各类创新基地，解决跨行业、跨领域的关键共性技术问题；积极对接央企资源，组织创新主体联合央企共同承担国家重大项目，支持央企在沈阳、大连设立研发总部与研发中心，与本地创新主体共建创新中心、概念验证中心、成果转化中试基地、创新创业基地。

扭住自主创新的"牛鼻子"，主动对接国家战略需求，整合并优化科教创新资源，建好用好辽宁实验室，多渠道增加研发投入，超前研究、精准布局先进光源、超大型深部工程等大科学装置项目，以"十年磨一剑"的韧劲突破"卡脖子"关键核心技术，努力以颠覆性技术和前沿技术催生新产业、新模式、新动能，培育更多具有自主知识产权和核心竞争力的创新型企业，让更多创新成果从"实验室"走进"车间"，走向"市场"，并有效转化为现实生产力，为国家高水平科技自立自强贡献辽宁智慧。沈阳市安排 2500 万元市级财政资金设立 2024 年度国家自然科学基金区域创新发展联合基金，支持和培养高校和企业基础研究人才；围绕沈阳重点产业集群龙头企业在开展关键核心技术攻关中提出的科学问题和基础原理需求，设立目标导向类基础研究项目专项予以支持；聚焦重点产业开展关键核心技术攻关，探索并形成关键核心技术攻关"325"沈阳模式，通过"揭榜挂帅"等机制解决"卡脖子"技术攻关难题。

做好结构调整"大文章"，坚持把发展经济的着力点放在实体经济上，聚焦建成先进装备制造、石化和精细化工、冶金新材料、优质特色消费品工业4个万亿级产业基地和22个重点产业集群，开展新一轮技术改造行动，全力推动传统产业数字化、网络化、智能化发展，着力打造新材料、低空经济等战略性新兴产业，抢滩布局人工智能、元宇宙等未来产业，充分释放"冰雪"经济和"海洋"经济潜力，加快形成新质生产力，抢占高质量发展制高点。

强化人力资源"硬支撑"，坚持"引育用留"并举，深入实施"兴辽英才计划"，不断提高人才政策的精准性、便利度、含金量，构建以创新价值、能力、贡献为导向的科技人才评价体系和激励机制。下放人才自主认定权限，向头部企业、科技型领军企业充分授权；深入实施"带土移植"引育工程，着重招引战略科技人才、产业高端人才、行业领域专门人才，加快打造面向东北亚的国际化人才高地。

（二）扩大内需释放经济潜能，增强高质量发展的"原动力"

习近平总书记指出，"内需是中国经济发展的基本动力"，"形成消费和投资相互促进的良性循环"①。2023年以来，辽宁消费市场持续"回暖"，投资结构逐步优化，社会消费品零售总额和高技术产业投资增速始终高于全国水平。我们将坚持深化供给侧结构性改革和着力扩大有效需求协同发力，使经济循环建立在内需主动力的基础上，为推动经济回升向好创造更多有利条件。着力激发有潜能的消费，抓住消费从疫后恢复转向持续扩大的"窗口期"，支持沈阳、大连建设国际消费中心城市，推进县域商业创新发展，大力发展数字消费、绿色消费、健康消费，积极培育智能家居、文娱旅游、体育赛事、国货"潮品"等新的消费增长点，持续提振新能源汽车、电子产品等大宗消费品，不断优化消费环境，激发老百姓的

---

① 习近平在博鳌亚洲论坛2018年年会开幕式上的主旨演讲［EB/OL］.（2018 - 04 - 10）［2024 - 03 - 11］. 新华网.

消费热情和信心。着力扩大有效益的投资，紧跟中央投资方向，紧盯国家重大生产力布局，紧贴辽宁实际，深入实施15项重大工程，加快构建现代化基础设施体系，加强高铁网、新型电网、新一代移动通信等设施建设，适度超前建设一批"平急两用"公共基础设施，补齐农田水利、物流设施等领域短板，把打基础、利长远的重大项目落实好，筑牢高质量发展根基。

（三）深化改革汇聚动能，破除高质量发展的"中梗阻"

近年来，辽宁坚持进行以优化营商环境为基础全面深化改革，扎实开展营商环境专项整治，一大批企业、群众反映强烈的"堵点"、难点问题得到解决，各方面改革成效不断显现。2024年将进一步加强改革系统集成，着力破除体制机制障碍，努力以重点领域和关键环节改革"一子落"带动振兴发展"满盘活"。

1. 持续优化营商环境

坚持把优化营商环境作为推动高质量发展的"一号工程"，全面构建"亲清统一"的新型政商关系，让企业家安心经营、放心投资、专心创业。加强法治政府、诚信政府和法治社会建设，深入开展涉企、涉信访、涉超期案件专项监督三年行动，打造营商环境"升级版"，为各类经营主体创造稳定、透明、规范、可预期的法治环境，全方位展示辽宁良好的发展预期。持续推动各项惠企政策落实，及时制定并实施一批助企纾困的增量政策，推动直达快享、免申即享。优化监管服务环境，深入推行信用分类监管，实行"双随机、一公开"联合抽查，优化信用修复机制。优化公平竞争环境，破除各种封闭小市场、自我小循环等壁垒。

2. 持续破除市场准入隐性壁垒，切实保障各类经营主体公平竞争

贯彻落实促进民营经济发展的系列措施，全力破除隐性壁垒和不合理门槛，推动民间投资占比不断提升。支持民间资本参与投资重大项目，鼓励和引导民间资本在交通、水利、清洁能源、新型基础设施、先进制造业、现代设施农业等行业加大投资力度。通过混合所有制改革、特许经营等方式吸引民间资本参与基础设施建设。优化准入环境，深入推进网上办、掌上办、一次办、半日办，加快推进市场监管全部行政许可事项集成办理、"证照联办"，实现"一网受理、一单告知、联合审批、一口发证"；拓展电子营业执照应用领域，上线"企业码"，实现经营主体身份信息"一照关联"。

3. 持续壮大经营主体

不断完善落实"两个毫不动摇"的发展原则，坚持国资、民资、外资"三资"齐抓。支持、鼓励、引导民营经济健康发展，在市场准入、要素获取、公平执法、权益保护等方面落实一批标志性举措；瞄准世界500强和全球行业头部企业，积极引进高质量外资项目，形成多种所有制企业共同发展的良好局面。加快构建经营主体全生命周期服务体系。制定并出台开展个体工商户分型分类精准帮扶提升发展质量的实施意见，推动构建涵盖个体工商户不同发展阶段的政策体系，支持和培育一批特色鲜明、诚信经营好、发展潜力大的"知名""特色""优质""新兴"类个体工商户，带动同行业同类型经营主体实现更好的发展，推动提升个体工商户总体发展质量，加快形成大企业顶天立地、中小企业铺天盖地的良好局面。深入开展"千亿送贷"行动，实现投放贷款350亿元、服务经营主体5.37万户的预期目标。

4. 持续重塑金融生态

发挥再贷款、再贴现工具的正向激励作用，引导金融机构加大对小微、民营企业的信贷投放力度。稳妥做好重点金融机构风险处置，推进城商行深化改革，优化地方中小银行机构与地方金融组织布局，增强资本实力和抗风险能力，疏通金融服务实体经济通道，做好科技金融、绿色金融、普惠金融、养老金融、数字金融五篇"大文章"，不断为各类企业特别是中小微企业提供更多源头活水。发挥保险和融资担保的风险分担作用，通过建立风险补偿共担机制，既能提升企业的融资增信能力，缓解初创期科技型企业融资难的困境，也能增强银行业金融机构贷款的意愿，提升支持的积极性。加强信用体系建设，持续推进"辽信通"建设，为银企对接提供高效、便捷的平台支持。推广中国人民银行"中征应收账款融资服务平台"的应用范围，拓宽相关领域中小企业融资渠道。强化首贷中心建设，扩大信贷覆盖面。进一步支持银行业金融机构利用科技手段赋能小微企业金融服务，提高贷款效率。深入做好政策效果监测评估工作，强化政策约束。完善小微企业信贷政策导向效果评估制度，有效开展评估工作，加大对金融机构的考核力度。

（四）为民营企业提供有力的金融支持

微观主体健康成长需要充足的阳光雨露，源源不断的金融"活水"和稳定供应的生产要素，是企业成长壮大的重要支撑。

一是持续优化科技企业全生命周期的金融服务。对于孵化期企业，重点支持对接天使（创业）投资、设备融资租赁、应收账款商业保理等融资。对于初创期企业，重点支持对接风险投资基金，提供首贷续贷、投贷联动类金融产品。对于成长期企业，重点支持对接股权投资基金、商业银行、科技担保等机构。对于成熟期企业，支持企业上市，支持企业研发链、产业链并购重组，支持企业借助资本市场引领产业集聚升级。

二是持续推动金融机构协同创新服务实体经济。鼓励银行等金融机构建立与现代化产业体系建设相匹配的信贷投放模式，鼓励非银金融机构提供差异化融资服务，鼓励股权投资机构培育孵化新兴产业。

三是用好用足资本市场服务经济高质量发展。扩大资本市场应用培训的范围和频率，有效服务企业愿上、能上及成功上市。支持高质量建设区域性股权市场，争取国家制度和业务创新试点，做好"专精特新"专板建设工作。

四是降低融资成本。坚持金融服务实体经济的根本宗旨，促进信贷总量平稳增长，推动信贷结构持续优化，推动融资成本稳中有降。

五是强化重点扶持。引导金融机构加强与科技、环保等行业管理部门的协同合作，进一步加大金融支持力度，提高可持续性和专业化水平。围绕助力全省22个重点产业集群建设和4个万亿级产业基地建设，建立健全金融支持制造业政策框架，持续加大金融对先进制造和产业链的支持力度，助力辽宁推进新型工业化。支持民营小微市场主体培育、壮大。加快构建并完善民营小微企业敢贷、愿贷、能贷、会贷长效机制，深入开展中小微企业金融服务能力提升工程，增强金融机构服务普惠小微主体能力。引导金融机构加大首贷、续贷、信用贷投放力度，增强民营小微市场主体融资可得性。

专题报告

辽宁省民营经济高质量发展的基础、挑战和路径

▶ 张　亮

　　民营经济是社会主义市场经济的重要组成部分，民营经济的发展质量事关国家税收、国民就业、科技创新和对外开放。习近平总书记在主持召开民营企业座谈会时强调，"在全面建成小康社会，进而全面建设社会主义现代化国家的新征程中，我国民营经济只能壮大，不能弱化，而且要走向更加广阔舞台。"① 党的二十大报告提出："优化民营企业发展环境，依法保护民营企业产权和企业家权益，促进民营经济发展壮大。"② 2023 年 11 月 27 日，中国人民银行、金融监管总局、中国证监会、国家外汇局、国家发展改革委、工业和信息化部、财政部和全国工商联八部门联合发布了《关于强化金融支持举措　助力民营经济发展壮大的通知》，进一步明确了金融服务民营企业的目标和重点，加大对民营企业的金融支持力度，尤其是加大对科技创新、绿色低碳、"专精特新"、产业基础再造工程等重点领域以及民营中小微企业的支持力度。2023 年 12 月 21 日，辽宁省委召开民营企业家座谈会，省人大常委会主任郝鹏指出，"民营经济发展不足仍是制约辽宁振兴发展的短板，也是辽宁实现全面振兴新突破的潜力与机遇所在"，"希望广大民营企业家在把握'时'与'势'中保持定力、增强信心、主动作为，抓住辽宁打造新时代'六地'、加快全面振兴的发展

---

　　① 在民营企业座谈会上的讲话［R］. 人民日报，2018 - 11 - 02.
　　② 习近平. 高举中国特色社会主义伟大旗帜　为全面建设社会主义现代化国家而团结奋斗［M］. 北京：人民出版社，2022.

机遇，努力实现大发展、快发展、高质量发展"①，为新时代新征程的辽宁民营经济指明了前进的方向。2023 年 11 月 30 日，辽宁省市场监督管理局出台《促进民营经济发展的若干措施》，针对民营经济的发展环境、法治保障、政策支持和推动民营经济高质量发展提出了若干举措。在国家和省政府的大力支持下，近些年来，民营经济取得了较为突出的成绩和进展，这无疑为全面建设社会主义现代化国家贡献了重要力量。

一、辽宁省民营经济高质量发展的基础

改革开放以来，我国民营经济逐渐占据国民经济的半壁江山，如今民营经济早已成为中国式现代化和高质量发展的重要推动力量。虽然辽宁省民营经济的发展进程距离国内经济活跃省份存在一定的差距，然而在国家和政府的大力支持下也取得了较为显著的成效。近些年来，民营经济市场主体占比持续扩大，吸纳就业成绩卓越，政策支持体系日益健全，已成为辽宁对外开放的主力军。2023 年 2 月 22 日，辽宁省委十三届五次全会审议并通过的《辽宁全面振兴新突破三年行动方案（2023—2025 年）》明确了以高质量发展为主题，坚决打赢新时代东北振兴、辽宁振兴的"辽沈战役"，实施全面振兴新突破三年行动。2024 年 1 月 27 日，辽宁省人民政府印发《辽宁省推动经济稳中求进若干政策举措》，文件围绕九大方面，提出 43 项政策举措。其中，支持实体经济发展部分包括 8 项政策举措。为培育和壮大经营主体，对个体工商户进行分类指导，持续加大对重点企业奖励支持力度等。辽宁省民营经济得到了前所未有的政策支持，并形成了支撑民营经济高质量发展的基础条件。

（一）民营经济高质量发展的理论基础

民营经济，是指除了国有和国有控股企业、外商和港澳台商独资及其

---

① 郝鹏．加大支持力度　激发内生动力　推动民营经济在攻坚之年实现更高质量发展[DB/EL].（2023 - 12 - 23）[2024 - 03 - 01]. https：//www. ln. gov. cn/web/ywdt/jrln/wzxx2018/2023122308440044290/index. shtml.

控股企业以外的多种所有制经济的统称。民营经济高质量发展对繁荣城乡经济、解决城乡剩余劳动力及就业、提高居民生活水平等具有重要意义。党的十四大报告明确指出："社会主义市场经济体制是同社会主义基本制度结合在一起的。在所有制结构上，以公有制包括全民所有制和集体所有制经济为主体，个体经济、私营经济、外资经济为补充，多种经济成分长期共同发展，不同经济成分还可以自愿实行多种形式的联合经营。国有企业、集体企业和其他企业都进入市场，通过平等竞争发挥国有企业的主导作用。"① 党的十五大则在深刻总结所有制结构改革经验的基础上首次明确提出了社会主义初级阶段的基本经济制度，即以公有制为主体、多种所有制经济共同发展。同时肯定了非公有制经济是我国社会主义市场经济的重要组成部分。随后，党的十六大更进一步提出了公有制经济和非公有制经济"两个毫不动摇"的理论定位。党的十八届三中全会在"两个毫不动摇"的基础上，进一步明确公有制经济和非公有制经济"两个都是""两个不可侵犯""三个平等"的基本原则。将非公有制经济的发展纳入我国的基本经济制度，无疑为民营经济的高质量发展奠定了坚实的理论基础。

随着党的十九大的召开，习近平总书记在党的十九大报告中指出："我国经济已由高速增长阶段转向高质量发展阶段，正处在转变发展方式、优化经济结构、转换增长动力的攻关期，建设现代化经济体系是跨越关口的迫切要求和我国发展的战略目标。"② 与此同时，党的十九大报告强调了经济发展的"三个变革"和"两个动力"，即质量变革、效率变革、动力变革和经济发展的创新力与竞争力。同时强调了实体经济要成为未来经济发展的重要着力点。民营经济作为我国社会主义市场经济的重要组成部分，无疑在推动"三大变革"和"两个动力"的进程中发挥着关键作用。

（二）民营经济高质量发展的政策基础

中共中央统一战线工作部于2023年10月24日发布了《支持民营经济发展，中央出过哪些大招?》一文。根据文中对民营经济政策支持的梳理，

① 十四大以来重要文献选编（上）[M]. 北京：中央文献出版社，2011.
② 习近平在中国共产党第十九次全国代表大会上的报告 [EB/OL]. (2017-10-28) [2024-03-11]. http：//jhsjk.people.cn/article/29613660.

中共中央在助力民营经济发展、营造更好发展环境、培育企业家精神等方面均出台过一系列的政策措施（见表1-1～表1-3）。这些政策的颁布和实施无疑为民营经济高质量发展创造了良好的发展环境并奠定了坚实的政策基础。

表1-1　　　　　帮助民营经济消除顾虑、放下包袱、大胆发展

时间	文件名称	摘录
2019年	《中共中央关于坚持和完善中国特色社会主义制度　推进国家治理体系和治理能力现代化若干重大问题的决定》	毫不动摇巩固和发展公有制经济，毫不动摇鼓励、支持、引导非公有制经济发展
2020年	《关于加强新时代民营经济统战工作的意见》	民营经济作为我国经济制度的内在要素，始终是坚持和发展中国特色社会主义的重要经济基础；民营经济人士作为我们自己人，始终是我们党长期执政必须团结和依靠的重要力量
2020年	《中国共产党统一战线工作条例》	坚持和完善社会主义基本经济制度，制定、宣传和贯彻党关于发展非公有制经济的方针政策

资料来源：根据中共中央统一战线工作部于2023年10月24日发布的《支持民营经济发展，中央出过哪些大招？》整理而得。

表1-2　　　　　　不断为民营经济营造更好的发展环境

时间	文件名称	摘录
2016年	《中共中央　国务院关于完善产权保护制度依法保护产权的意见》	产权制度是社会主义市场经济的基石，保护产权是坚持社会主义基本经济制度的必然要求
		公有制经济财产权不可侵犯，非公有制经济财产权同样不可侵犯
2018年	《关于聚焦企业关切进一步推动优化营商环境政策落实的通知》	目前亟须以市场主体期待和需求为导向，围绕破解企业投资生产经营中的"堵点""痛点"，加快打造市场化、法治化、国际化营商环境，增强企业发展信心和竞争力
2019年	《优化营商环境条例》	优化营商环境应当坚持市场化、法治化、国际化原则，以市场主体需求为导向，以深刻转变政府职能为核心，创新体制机制、强化协同联动、完善法治保障，对标国际先进水平，为各类市场主体投资兴业营造稳定、公平、透明、可预期的良好环境

时间	文件名称	摘录
2019 年	《中共中央　国务院关于营造更好发展环境支持民营企业改革发展的意见》	保障民营企业依法平等使用资源要素、公开公平公正参与竞争、同等受到法律保护，推动民营企业改革创新、转型升级、健康发展，让民营经济创新源泉充分涌流，让民营企业创造活力充分迸发
2019 年	《关于加强金融服务民营企业的若干意见》	平等对待各类所有制企业，有效缓解民营企业"融资难""融资贵"问题，增强微观主体活力，充分发挥民营企业对经济增长和创造就业的重要支撑作用，促进经济社会平稳、健康、发展
2023 年	《中共中央　国务院关于促进民营经济发展壮大的意见》	优化民营经济发展环境，依法保护民营企业产权和企业家权益，全面构建"亲清"政商关系，使各种所有制经济依法平等使用生产要素、公平参与市场竞争、同等受到法律保护，引导民营企业通过自身改革发展、合规经营、转型升级不断提升发展质量，促进民营经济做大做优做强

资料来源：根据中共中央统一战线工作部于 2023 年 10 月 24 日发布的《支持民营经济发展，中央出过哪些大招？》整理而得。

表 1-3 **营造企业家健康成长环境，弘扬优秀企业家精神**

时间	文件名称	摘录
2017 年	《中共中央　国务院关于营造企业家健康成长环境弘扬优秀企业家精神更好发挥企业家作用的意见》	营造企业家健康成长环境，弘扬优秀企业家精神，更好地发挥企业家作用，对深化供给侧结构性改革、激发市场活力、实现经济社会持续健康发展具有重要意义
2020 年	《关于加强新时代民营经济统战工作的意见》	坚持党管人才原则，遵循民营经济人士成长规律，以提高素质、优化结构、发挥作用为目标，建设一支高素质、有担当的民营经济代表人士队伍
2023 年	《中共中央　国务院关于促进民营经济发展壮大的意见》	培育和弘扬企业家精神。引导全社会客观、正确、全面认识民营经济和民营经济人士

资料来源：根据中共中央统一战线工作部于 2023 年 10 月 24 日发布的《支持民营经济发展，中央出过哪些大招？》整理而得。

（三）民营经济高质量发展的实践基础

1. 民营市场主体持续增长，成为经济增长和投资的生力军

2023 年，全省规模以上工业企业营业收入 35677.3 亿元，同比降低 1.0%；营业成本 30675.0 亿元，同比降低 0.7%；利润总额 1500.9 亿元，同比减少 103.0 亿元。其中，国有控股企业营业收入 13291.9 亿元，同比降低 4.4%，营业成本 11595.0 亿元，同比降低 4.2%，利润总额 487.9 亿元，同比增加 15.4 亿元；私营企业营业收入 10110.5 亿元，同比增长 0.9%，营业成本 8864.8 亿元，同比增长 0.2%，利润总额 242.9 亿元，同比减少 2.5 亿元；股份制企业营业收入 26863.5 亿元，同比降低 2.1%，营业成本 23667.0 亿元，同比降低 1.7%，利润总额 688.2 亿元，同比减少 93.5 亿元；外商及港澳台商投资企业营业收入 7989.7 亿元，同比增长 2.6%，营业成本 6321.1 亿元，同比增长 3.3%，利润总额 777.3 亿元，同比减少 74.5 亿元。总体来看，私营企业营业收入占比约为 28.3%，营业成本占比为 28.9%，利润总额占比 16.2%。在营业收入和利润总体较上年下滑的背景下，私营企业营业收入上升 0.9 个百分点，且利润下滑比例较国有控股企业低 0.2 个百分点。

沈阳海关 1 月 17 日公布的统计数据显示，2023 年辽宁省外贸进出口总额为 7659.6 亿元。其中，出口 3535.6 亿元，进口 4124 亿元。全省有进出口记录的外贸经营主体首次突破 1.5 万家。其中，民营企业 1.28 万家，合计进出口 3552.7 亿元，占 46.4%，占比较上年同期高 1.3 个百分点。同期，外商投资企业进出口 2856.6 亿元，占 37.3%；国有企业进出口 1239.9 亿元，占 16.2%。数据显示全省外贸企业活力充足，民营企业主力作用增强。

2. 辽宁省民营经济发展的营商环境不断优化

近年来，国家大力支持民营经济发展，从市场化、法治化、国际化和便利化等方面相继出台了一系列政策措施，优化营商环境助力民营经济发展。在便利化方面，自党的十八大以来，我国政务水平不断提升，对以往复杂烦琐的办事流程和单一的办事渠道进行了全面改革，多数服务事项实现一件事一次办、掌上办、网上办，使群众和企业的办事效率大大提升。

在市场化方面，2014 年 11 月，国务院印发《关于创新重点领域投融资机制鼓励社会投资的指导意见》，意见包含 39 条措施；2016 年 10 月，国家发展改革委发布《促进民间投资健康发展若干政策措施》，措施包括 26 条内容；2017 年 9 月，国务院发布《国务院办公厅关于进一步激发民间有效投资活力促进经济持续健康发展的指导意见》，意见包括 10 条措施；2019 年 12 月，中共中央、国务院印发《关于营造更好发展环境支持民营企业改革发展的意见》，意见包括 28 条措施；2022 年 11 月，国家发展改革委发布《关于进一步完善政策环境加大力度支持民间投资发展的意见》，意见包括 21 条措施；2023 年 7 月，国家发展改革委发布《关于进一步抓好抓实促进民间投资工作努力调动民间投资积极性的通知》，通知包括 17 条内容。同年 8 月，国家发展改革委发布《国家发展改革委等部门关于实施促进民营经济发展近期若干举措的通知》，通知包含 28 条措施。各类措施围绕税费、金融支持、简政放权、商事制度改革等方面放松对民营经济的束缚，助力民营经济发展。

辽宁省委、省政府为进一步激活民营企业活力和创造力，围绕促进民营经济高质量发展，打出了一系列政策"组合拳"。2020 年省发展改革委印发《关于营造更好发展环境支持民营企业改革发展的实施意见》，18 个省级部门印发了 12 类 80 项涉企惠企政策。在企业转型升级、科技创新、人才支持、减税降费、减负清欠、融资贷款、营商环境、商务海关、住建资源、涉企清单、公安交通等方面，对民营企业稳增长、促就业、保运转、助力新时代辽宁全面振兴全方位振兴提供了政策支撑。

二、辽宁省民营经济高质量发展面临的挑战

全国工商联 2023 年 9 月发布的《2023 中国民营企业 500 强调研分析报告》显示，2022 年，东北地区有 5 家企业入围，较上年减少 2 家，占比为 1.00%。其中，辽宁省入围企业为 3 家，与上年持平，占比为 0.60%；东北地区的营业收入总额为 4538.92 亿元，占 500 强比例为 1.14%，较上年减少 283.48 亿元，降幅为 5.88%。其中，辽宁省营业收入总额为 2945.92 亿元，占 500 强比例为 0.74%；东北地区的资产总额为 2997.68

亿元，占 500 强比例为 0.65%，较上年减少 1159.87 亿元，降幅 27.90%。其中，辽宁省资产总额为 1822.76 亿元，占 500 强比例为 0.39%；东北地区的销售净利率为 2.45%，较上年下降 1.15 个百分点，降幅为 31.86%，在四个地区中排名最低。东北地区总资产周转率继续位居首位，达到 154.26%，较上年增加 31.05 个百分点，增幅为 25.20%。

从入围 500 强的数据来看，辽宁省民营经济在数量、资产总额、营业收入和销售净利率等方面均处于较低水平。由于辽宁省的民营经济有很多脱胎于国有经济并在国有经济改制的过程中建立和发展起来，这些企业大多存在产业层次低、产品技术含量低、企业资金规模小且难以支撑科技创新、产品附加值不高等问题，因而在发展的过程中也逐渐落后于我国其他地区。辽宁省民营经济的高质量发展之路仍存在诸多挑战。

（一）科技竞争加剧，创新驱动力不足

在以科技创新为第一生产力的当今社会，产品、工程、服务质量的提升，品牌的塑造，经济质量效益型发展都与其息息相关。在全国工商联 2023 年 10 月发布的《2023 研发投入前 1000 家民营企业创新状况报告》中，辽宁省民营经济在研发投入、科研组织数量和科技成果数量等方面仍较经济发达省份存在较大差距。

表 1-4 数据显示，东部地区的研发投入水平保持领先地位，研发经费总额突破万亿元，其中，京津冀、长三角等重点区域的研发投入能力进一步凸显。入围的前 1000 家民营企业中，东部地区共有 737 家，研发费用总计 10722.3 亿元，占整体水平的 86.8%，占全社会研发经费支出的 34.9%，占本地区研发经费支出的 53.0%，平均研发强度为 3.47%，高于全国研发强度 0.9 个百分点，研发人员达到 152.2 万人，人均研发费用为 70.45 万元；东北地区入围前 1000 家民营企的仅有 12 家，研发费用总计 40.8 亿元，较上年减少 5.5%，占整体水平的 0.3%，占本地区研发经费支出的 4.0%，平均研发强度 1.93% 较上年提高 0.82 个百分点，研发人员不足 5000 人，人均研发费用为 86.17 万元。与东部地区相比，东北地区的整体研发投入水平较低，而辽宁省在东北三省中尚且排名靠后，研发道路任重而道远。

表1-4 研发投入地区分布情况

省份	企业数量（家）	研发人员（人）	研发强度（%）	研发费用（万元）	占省份研发经费（%）	营业收入总额（万元）
东部地区						
广东省	79	430007	6.00	35527349	80.5	591865799
浙江省	183	315480	3.04	23623794	97.7	7777433822
北京市	103	354298	4.96	17197365	60.5	346723552
江苏省	133	151353	2.14	10823662	28.2	506207418
山东省	112	96104	1.96	7534633	34.6	383794022
河北省	39	66578	2.05	4746562	55.9	230987844
福建省	45	54073	2.94	3766790	34.8	128315587
上海市	24	45302	3.62	3096080	15.6	85555719
天津市	16	8692	1.82	763959	13.4	42084107
海南省	3	186	27.21	142993	20.9	525435
总计	737	1522073	3.47	107223187	53.0	3093493305
中部地区						
安徽省	36	38113	3.85	2014521	17.5	52279800
江西省	31	13970	3.02	1778924	31.9	58886480
河南省	28	28773	2.07	1751318	15.3	84542532
湖南省	22	26083	4.21	1709778	14.5	40579745
湖北省	27	35023	2.79	1563478	12.5	56108149
山西省	16	7087	2.00	1004733	36.7	50291266
总计	160	149049	2.87	9822752	17.7	342687972
西部地区						
四川省	17	24464	1.81	1408778	11.6	77956558
重庆市	24	19884	2.25	1404265	20.5	62498514
内蒙古自治区	18	6724	1.51	682824	32.6	45272836
新疆维吾尔自治区	3	4031	1.74	558962	61.4	32099486
广西壮族自治区	8	8879	2.61	505387	23.2	19344970

省份	企业数量（家）	研发人员（人）	研发强度（%）	研发费用（万元）	占省份研发经费（%）	营业收入总额（万元）
云南省	7	4053	3.32	289737	9.2	8716777
宁夏回族自治区	4	638	1.58	138092	17.4	8755421
陕西省	3	5617	5.52	765157	9.9	13857817
甘肃省	2	4782	4.34	102478	7.1	2361878
新疆生产建设兵团	2	175	2.92	105005	11.5	3601267
贵州省	1	945	3.06	92916	4.7	3034374
西藏自治区	1	0	12.40	37128	53.0	299342
青海省	1	113	3.55	18623	6.5	524365
总计	91	80305	2.20	6109352	15.1	278323605
东北地区						
吉林省	5	2915	2.03	202214	10.8	9951688
黑龙江省	3	955	3.32	103577	4.8	3116983
辽宁省	4	866	1.27	102305	1.6	8055721
总计	12	4736	1.93	408096	4.0	21124392

资料来源：全国工商联经济服务部 2023 年 10 月发布的《2023 研发投入前 1000 家民营企业创新状况报告》。

此外，六大科创中心的创新型企业、研发人才"虹吸效应"进一步增强。六大科创中心分别位于北京、上海、粤港澳大湾区、成渝、武汉、西安，入围企业共计 246 家，较上年增加 54 家，研发费用总额 5936.1 亿元，占整体水平的 48.0%，平均研发强度 5.09%，高于全国 2.5 个百分点，研发人员 88.6 万人，占全社会研发人员的 50.5%，人均研发费用 67.0 万元。从科创中心的地域分布来看，东部地区、中部地区和西部地区均有分布，地区省市辐射效应显著，而东北地区受益程度不明显。

由表 1-5 的数据可知，东北地区的国家科技基地与省部级研发机构建设规模小，载体数量占比不足 3%，其中，辽宁省有 2 家企业参与建设省部级研发机构 64 个，成效较为突出。

表 1－5　　　　　　　　2022 年科研组织地区发展情况

各省份及新疆生产建设兵团	国家科技基地建设			省部级研发机构建设			载体数量（个）
	企业数量（家）	占填报企业比（%）	占省内入围企业比（%）	企业数量（家）	占填报企业比（%）	占省内入围企业比（%）	
东部地区							
浙江省	74	18.9	40.4	139	10.4	76.0	551
山东省	57	14.6	50.9	94	8.0	83.9	380
江苏省	46	11.8	34.6	105	6.5	78.9	583
广东省	34	8.7	43.0	46	4.8	58.2	270
北京市	33	8.4	32.0	64	4.6	62.1	193
福建省	20	5.1	44.4	29	2.8	64.4	107
河北省	14	3.6	35.9	31	2.0	79.5	138
上海市	12	3.1	50.0	16	1.7	66.7	38
天津市	3	0.8	18.8	10	0.4	62.5	31
海南省	1	0.3	33.3	0	0.1	0.0	0
总计	294	75.2	39.9	534	75.1	72.5	2291
中部地区							
安徽省	16	4.1	44.4	25	3.5	69.4	132
河南省	17	4.3	60.7	21	3.0	75.0	125
湖北省	10	2.6	37.0	17	2.4	63.0	74
江西省	10	2.6	32.3	22	3.1	71.0	63
湖南省	9	2.3	40.9	19	2.7	86.4	112
山西省	1	0.3	6.3	9	1.3	56.3	19
总计	63	16.1	39.4	113	15.9	70.6	525
西部地区							
重庆市	8	2.0	33.3	16	2.3	66.7	77
四川省	9	2.3	52.9	12	1.7	70.6	46
内蒙古自治区	6	1.5	33.3	11	1.5	61.1	48
广西壮族自治区	4	1.0	50.0	7	1.0	87.5	25
云南省	1	0.3	14.3	2	0.3	28.6	8
陕西省	1	0.3	33.3	2	0.3	66.7	19

续表

各省份及新疆 生产建设兵团	国家科技基地建设			省部级研发机构建设			
	企业 数量 （家）	占填报 企业比 （%）	占省内入 围企业比 （%）	企业 数量 （家）	占填报 企业比 （%）	占省内入 围企业比 （%）	载体 数量 （个）
贵州省	1	0.3	100.0	0	0.0	0.0	0
甘肃省	1	0.3	50.0	1	0.1	50.0	3
宁夏回族自治区	0	0.0	0.0	1	0.1	25.0	1
新疆维吾尔自治区	0	0.0	0.0	2	0.3	66.7	3
西藏自治区	0	0.0	0.0	0	0.0	0.0	0
青海省	0	0.0	0.0	1	0.1	100.0	2
新疆生产建设兵团	0	0.0	0.0	1	0.1	50.0	2
总计	31	7.9	34.1	56	7.9	61.5	234
东北地区							
辽宁省	2	0.5	50.0	2	0.3	50.0	64
吉林省	1	0.3	20.0	4	0.6	80.0	13
黑龙江省	0	0.0	0.0	2	0.3	66.7	6
总计	3	0.8	25.0	8	1.1	66.7	83

资料来源：全国工商联经济服务部 2023 年 10 月发布的《2023 研发投入前 1000 家民营企业创新状况报告》。

由表 1-6 的数据可知，国内有效专利数排名前三的省份分别为广东省、浙江省和北京市。其中，广东省共 79 家企业，国内有效专利量 286914 件，占整体比例 31.9%；国内有效发明专利量 158835 件，占整体 38.0%。浙江省共 183 家企业，国内有效专利量 179145 件，占整体比例 19.9%，国内有效发明专利量 66447 件，占整体 15.9%。北京市共 103 家企业，国内有效专利量 106355 件，占整体比例 11.8%，国内有效发明专利量 64254 件，占整体的 15.4%。从地区来看，东部地区的科技成果产出水平领先其他地区，国内有效专利量共 778295 件，占整体比例 86.6%，国内有效发明专利量 363179 件，占整体 86.8%。而东北地区国内有效发明专利量仅为 570 件，占总体的 0.1%。辽宁省的这一数据在东三省中相较于同是老工业基地的吉林省仍存在一定的差距。

表1-6　　　　　　　　　　各地科技成果分布情况

各省份及新疆生产建设兵团	企业数量（家）	国内有效专利量（件）	国内有效发明专利量（件）	主导或参与国际、国家、行业标准企业数（家）	主导或参与国际、国家、行业标准总数（件）	获得国家级科技奖励企业数（家）	每亿元研发费用产生专利申请数（项）
东部地区							
广东省	79	286914	158835	59	2959	6	22.0
浙江省	183	179145	66447	165	6303	30	18.1
北京市	103	106355	64254	87	2269	19	13.0
江苏省	133	80281	26092	123	4157	31	18.2
山东省	112	49299	17809	108	3338	22	19.4
福建省	45	27133	12334	40	762	9	16.8
上海市	24	15431	8564	20	457	6	10.3
河北省	39	30342	7147	36	1642	4	19.9
天津市	16	3294	1470	13	151	0	11.9
海南省	3	101	227	0	0	0	1.0
总计	737	778295	363179	651	22038	127	18.4
中部地区							
安徽省	36	20289	14848	31	532	6	37.4
湖北省	27	12950	14259	22	296	6	26.2
湖南省	22	24208	6150	21	455	5	73.5
河南省	28	13229	4257	25	667	7	24.3
江西省	31	5658	1853	26	287	4	11.7
山西省	16	2732	870	12	15	0	4.1
总计	160	79066	42237	137	2252	28	31.5
西部地区							
重庆市	24	17693	3776	20	176	2	23.2
内蒙古自治区	18	5892	3452	17	103	2	22.7
四川省	17	9942	2800	17	416	4	17.1
陕西省	3	3691	627	3	62	2	14.5
新疆维吾尔自治区	3	277	607	2	4	0	0.9

续表

各省份及新疆生产建设兵团	企业数量（家）	国内有效专利量（件）	国内有效发明专利量（件）	主导或参与国际、国家、行业标准企业数（家）	主导或参与国际、国家、行业标准总数（件）	获得国家级科技奖励企业数（家）	每亿元研发费用产生专利申请数（项）
广西壮族自治区	8	1129	550	6	67	2	6.1
甘肃省	2	0	234	2	20	1	61.9
贵州省	1	232	152	1	124	0	6.1
云南省	7	601	115	5	0	0	11.3
西藏自治区	1	178	17	0	0	0	37.4
青海省	1	57	10	1	3	0	7.0
宁夏回族自治区	4	24	9	2	0	0	0.4
新疆生产建设兵团	2	198	4	1	1	0	3.1
总计	91	39914	12353	77	976	13	16.2
东北地区							
吉林省	5	677	393	3	20	0	10.5
辽宁省	4	310	157	3	27	0	10.7
黑龙江省	3	447	20	3	35	2	23.9
总计	12	1434	570	9	82	2	14.0

资料来源：全国工商联经济服务部 2023 年 10 月发布的《2023 研发投入前 1000 家民营企业创新状况报告》。

在对创新发展环境的评估过程中，研发投入前 1000 的民营企业中共有 944 家填报了对新发展格局的认知与举措，其中有 78.8% 的入围企业认为新发展格局下，科技创新带来机遇。同时有 56.4% 的企业认为科技竞争日益加剧，有 32.9% 的企业认为企业在创新、人才、管理等方面尚存在短板。除此之外，产业链和供应链风险增加、逆全球化冲击、供求脱节，国内有效需求不足、我国生产体系内部循环不畅，这些也成为企业较为关注的新挑战之一。

在制约企业科技创新的外部因素方面，研发投入前 1000 的民营企业中共有 906 家填报了该项内容。其中，49.0% 的企业认为外部市场不确定性大是主要因素，47.7% 的企业认为技术成果产业化困难是主要因素。此外，缺少技术创新服务平台、相关政策落实不到位、技术市场机制不健全、支持创新的氛围不够、知识产权保护力度不够、缺乏公平竞争环境等都是制约企业创新的外部因素。

（二）人口流失和人才资源不足

辽宁省统计局公布的第七次人口普查数据显示，截至 2020 年 11 月 1 日零时，全省人口为 42591407 人，与 2010 年第六次全国人口普查的 43746323 人相比，10 年共减少 1154916 人，减少 2.64%，人口年平均增长率为 -0.27%。在辽宁省的 14 个地市中，仅沈阳和大连两市人口增加。全省人口中，15 岁及以上人口的平均受教育年限由 9.67 年提高至 10.34 年。15 个地区中，平均受教育年限在 11 年以上的地区有 1 个，在 10 年至 11 年的地区有 7 个，10 年以下的地区有 7 个。

整体来看，省内人口负增长率表明，近年来，辽宁省人口仍处于持续流失的状态，除沈阳和大连两个省内经济较为发达的城市之外，其他城市的人口流失情况更为严重，而人口的流失无疑又会增加人才引入的难度。近年来，尽管辽宁省出台了多项人才政策吸纳人才落户辽宁，然而对于促进辽宁发展还任重而道远。除了薪资水平、产业实力、文化环境、气候环境等因素之外，辽宁省仍存在产业结构落后、产业布局不合理等问题，使得科技人才利用效能不高、科技人才浪费进而导致科技人才外流。产业的发展、经济的繁荣、科技的创新和应用无一不需要人力资本的支撑，如何在人口流失的背景下建立灵活的用人制度和有效的人才吸纳机制，成为辽宁省民营经济高质量发展的重要挑战。

（三）产业结构单一，新兴产业发展滞后

辽宁省民营经济的发展仍延续东北老工业基地传统，大多集中于工业制造业。这些民营企业通常具有规模小、技术含量低、产品附加值不高且不能满足市场需求、盈利能力弱等特点。这些特点又阻碍了企业寻求技术进步和科技创新的脚步进而形成恶性循环。民营企业过度路径依赖，又会使得整体经济活力低迷，创新创造能力差，新兴产业发展不足。

三、辽宁省民营经济高质量发展的路径选择

我国民营经济发展的模式主要有以下四种。一是温州模式，其特点为小商品、大市场，而后又发展为以民本经济为本质、以实体经济为基石、以市场经济为精髓、以有限有为有效为政府治理内核的新温州模式。二是以苏南、无锡和常州为中心的苏南模式，通过乡镇企业的发展以工业化带动市场化的发展模式。后又通过创新驱动、产城融合、全民创业、与时俱进发展为新苏南模式。三是以"三来一补"为核心的珠江模式，即来料加工、来样加工、来件装配及加工出口的外向型企业发展模式。四是依托侨胞和侨资的晋江模式，通过集群式发展、建立品牌之都、城乡统筹和资本运作建立的以民营经济为主导的发展模式①。

综观以上四种发展模式的历史进程不难发现，这些模式大多依赖于地缘优势来发展各自优势产业，并形成集群效应扩大企业影响力。逐步形成知名度和影响力后，鼓励创新、创造和品牌建立，增加科技和知识的投入和运用并形成良性循环。这些成功的发展模式同样可以为辽宁省民营经济的发展提供思路，并最终形成辽宁省独有的发展模式。

（一）推动以大企业为核心的产业生态集群，形成协同效应

通过前面的分析可知，目前辽宁省的民营企业仍存在规模小、利润少、产业结构单一等问题。要实现全省民营经济的高质量发展，仅凭借几个大企业的力量是远远不够的。小企业因受制于人力、物力、财力，缺乏创新和科技转化的动力与现实可能。相较之下，大企业更容易实现这一愿景，可通过双方之间的合作，带动小企业进行产业链条定向研发和创新，降低创新创造难度和成本，并为大企业提供产业配套服务。大企业同时可为小企业提供适当的技术指导和资金支持，在盘活小企业资金链条的同

---

① 张满林，李秀林. 辽宁民营经济高质量发展的思路与对策［J］. 鞍山师范学院学报，2019，21（5）：55 – 56.

时，降低上下游零配件成本，实现互惠互利。

（二）利用"一带一路"的地缘优势深耕东北亚合作

2023 年 10 月 17 日，辽宁省市场监管局发布《辽宁省质量强省建设纲要》，明确提出辽宁振兴发展的六项重点工作，其中第五条即为"深度融入共建'一带一路'，建设开放合作高地"①。辽宁省应充分利用"一带一路"中的重要地位深耕东北亚合作，对接丝路基金、中非基金、中拉基金，积极寻求新的经济增长点，实施"走出去"战略。

（三）建立灵活的人才制度，吸纳人才

因地理位置和气候等原因的客观环境，以及东北整体经济下滑的大环境，人才的吸纳存在一定的难度。在辽宁全面振兴新突破三年行动之际，对于人才的渴求更是发展的重中之重。一方面，不应局限于以往的用人制度，应设置更宽松的工作时间、更广泛的人才来源和具有一定吸引力的薪资，允许部分高端人才以兼职的形式加入并以项目的形式作为报酬的结算依据。另一方面，企业的发展不仅需要优秀的技术人才，更要给予优秀的企业家丰厚的报酬以吸引其回乡创业或发展。企业家的决策和经验事关企业的生死存亡与未来的发展前景，因而也应予以重视。

（四）鼓励和引导民营企业提高品牌意识

《辽宁省质量强省建设纲要》明确提出辽宁振兴发展的"三篇大文章"，即改造升级"老字号"、深度开发"原字号"和培育壮大"新字号"。提高企业的品牌意识，提高品牌知名度对于企业的发展具有举足轻重的意义。在网络购物发达的当今，时间和空间都不再是限制消费的关键因素。建立品牌就意味着质量保障，提高品牌知名度就意味着更多的销售额。近些年来，辽宁省一批老字号品牌发展迟迟裹足不前，因此始终未打

---

① 辽宁省市场监管局. 辽宁省质量强省建设纲要［R］. 辽宁日报，2023 - 10 - 17.

开产品的市场知名度。在改造升级老字号的同时，应配备专业的宣发团队，利用网络直播、产品试用等方式将老字号产品真正送到全国市场。此外，增强企业的品牌意识，建立品牌优势和品牌的独创性，进而扩大市场份额，促进民营经济发展、壮大。

辽宁省民营经济高质量发展综合评价

▶ 赵　壮

　　近年来，辽宁省作为中国经济的重要引擎之一，民营经济的崛起成为其经济转型升级的亮点。在全面深化改革的时代浪潮中，辽宁省紧紧围绕实现经济高质量发展这一宏伟目标，积极探索民营经济的新发展路径，为推动全省的经济发展做出了巨大的努力。在 2023 年 8 月的全国知名民企助力辽宁全面振兴新突破高端峰会中，辽宁省政府再次强调共建环境良好、开放包容的营商环境。以锦州市为例，为刺激锦州民营经济高质量发展，打造一流营商环境的同时促进多产业项目汇聚，将通过"一事一议，一企一策"的具体政策强化项目要素保障。全省经济发展围绕习近平新时代中国特色社会主义思想的指导，全面贯彻党的二十大精神，采取稳中求进的工作基调，全面、准确地贯彻新发展理念，并将其融入新发展理念的经济策略中，扎实推动全省经济高质量发展。

　　与此同时，新发展理念下的民营经济发展路线与评价体系成为必不可少的研究对象。作为经济体系中的生力军，辽宁省作为中国东北地区的重要省份，发展民营经济对于促进地方经济持续健康发展和全面建设社会主义现代化国家具有重要的推进作用。首先，民营企业通常更加灵活，能够更快地适应市场需求，因此在经济发展过程中能够创造更多的就业机会，对于缓解辽宁省的就业压力，提高居民收入水平具有积极作用。其次，辽宁省曾以重工业为主，但随着社会的发展，需要加强对新兴产业的支持，而民营经济往往更具创新性，能够推动产业升级，实现经济结构的优化和多元化。最后，竞争是推动经济发展的重要"引擎"，而民营企业在竞争中更加注重效率、创新性和灵活性。通过引入竞争机制，促使企业更好地适应市场需求，提高整体经济效益。许多科技创新和研发工作往往由民营企业主导，更容易做出灵活的决策，更加注重技术创新，有助于提升整体科技水平，推动产业链向高端发展。辽宁省的民营经济作为区域性经济体系的重要组成部分，其健康发展能够为当地财政与社会建设提供更多的财富和资源。因此，完善民营经济的综合评价体系，对有效促进民营经济发展、增加就业、推动产业升级、提升企业竞争力等至关重要，在实现辽宁省经济可持续发展方面有着深刻且重要的现实意义。

本报告旨在深入探讨辽宁省民营经济的高质量发展问题，在新发展理念的指导下，着重建立切合实际的理论模型，以全面提升民营企业的竞争力和创新力。通过深入挖掘新发展理念的背景，明晰辽宁省在全局中的定位，结合国内外经济发展的相关经验，构建适于本地区的理论框架。与此同时，致力于完善民营经济评价的指标体系，通过系统性研究，科学界定高质量发展的具体内涵，为政府制定科学、合理的政策提供决策支持。通过此研究，旨在为辽宁省民营经济的可持续发展提供有力的理论基础。

一、新发展理念的理论特质

（一）新发展理念的含义

"新发展理念"是我国发展道路上提出的指导思想，它在理念与战略层面上对传统的发展模式进行了全面升级和创新。这一理念于 2015 年首次提出，旨在推动国内经济由高速增长阶段转向高质量发展阶段。首先，新发展理念明确了发展的总体要求，提出要实现经济建设、政治建设、文化建设、社会建设的全面协调可持续发展。其次，创新驱动推动科技进步，协调发展追求经济社会均衡发展，绿色发展注重生态环境保护，开放发展倡导多边合作，共享发展追求社会公平正义。其次，五大发展理念相互交融，共同形成了我国新时代的发展路径。最后，新发展理念倡导在发展中实现人的全面发展、全体人民共同富裕。体现了我国发展理念的人本取向，强调经济增长要惠及全体人民，实现全体人民共同富裕。总体而言，新发展理念是对我国传统发展理念的创新和发展，旨在推动经济社会各个方面更加协调、可持续。在未来的发展中，我国也将继续坚持新发展理念，实现更高质量、更可持续的发展。

（二）新发展理念的现实意义

作为发展道路上的重要战略指导思想，新发展理念对辽宁省有着深远且全面的意义。综合意义包括经济、社会、环境和国际合作等多个方面，在中国经济已经取得高速增长的基础上，新发展理念所提出的创新、协调、绿色、开放、共享五大发展理念起到了重要推动作用。综观辽宁经济发展全局，这一理念的贯彻实施促进了制造业的转型升级，推动了新兴产业的发展，为经济结构的优化提供了支持。具体的现实意义可总结为以下几点。

其一，协调发展理念对辽宁省的发展具有显著意义。辽宁省是中国东北地区的重要省份，在协调发展理念的指导下，辽宁省加大了城乡发展的协调力度，推动城市化和农村振兴相互促进。通过优化资源配置、加强基础设施建设，逐步实现了城乡发展的均衡，最终缩小了城乡差距。

其二，绿色发展理念着重于经济发展的同时，对环境的关注度也很高。在辽宁省区域经济发展方面体现为推动了环保产业发展、改善了生态环境等。辽宁省在新发展理念的指导下，强化了环境治理，加大了对高污染产业的整治力度，提升了生态环境质量。

其三，开放发展理念推动了对外合作的实现。通过积极参与"一带一路"倡议、推动自贸试验区建设，辽宁省加强了与周边省区以及国际合作伙伴的联系，推动了对外开放的深化。这为辽宁省引进外资、扩大对外贸易提供了更广阔的空间，同时也促进了本地产业的国际化发展。

其四，共享发展理念强调实现全体人民共同富裕，有助于促进辽宁省的社会公平。辽宁省通过实施脱贫攻坚战略、加强教育、医疗等社会事业的发展，逐步提高了居民收入水平，缩小了社会贫富差距。推动城乡基本公共服务均等化，构建共建共享的社会治理格局，为辽宁省的社会稳定与可持续发展奠定了基础。

其五，在国际合作方面，新发展理念提倡开放包容的态度，为辽宁省与其他国家和地区的经济、文化、科技交流合作提供了新的战略方向，有助于更好地融入全球化进程。

综上所述，新发展理念在多个层面对辽宁省的经济社会发展都有着积极的推动作用。通过深化改革、创新发展、协调发展、绿色发展、开放发展和共享发展等方面的实践，辽宁省逐步实现了经济结构的优化、环境质量的提升、社会公平的促进，为全面建设社会主义现代化国家奠定坚实基础。

二、辽宁省民营经济高质量发展的理论意蕴

（一）经济高质量发展的含义与意义

辽宁省积极加入国家发展战略，加大对民营经济的支持力度，致力于引导企业向高附加值产业、绿色产业转型升级。数字经济的崛起为这一转型提供了全新的机遇，辽宁省积极鼓励企业融入数字化发展，提升智能制造水平，实现经济的可持续增长。金融是实体经济的"血脉"，为民营企业提供更加便捷、灵活的金融服务成为辽宁省经济高质量发展的迫切需求。政府通过金融创新，降低融资成本，拓宽融资渠道，助力企业更好地发挥市场活力。与此同时，政府也在不断优化创业环境，简化审批程序，为创业者搭建更加广阔的创新平台。

为了实现经济与生态的良性互动，辽宁省鼓励民营企业生产经营注重环保，走可持续发展之路。辽宁省不仅加强人才引进，更注重培养企业内部的创新型人才，助力企业提升核心竞争力。创新创业的氛围日益浓厚，不仅为广大创业者提供了更多机遇，同时也为辽宁省经济转型升级注入了新的活力。经济高质量发展作为中国在全球经济格局深刻调整的背景下提出的一个发展理念，其理论特质凸显着中国特色社会主义事业发展的全新方向。结合现实经济，承接理论创新，更在于其实践引导。它不仅是一种指导思想，更是具体行动的纲领，引领中国在新时代取得更为显著的发展成就，为构建人类命运共同体贡献中国智慧和力量。这一理念的提出不仅

是对过去发展经验的总结，更是对未来发展道路的明智选择，是中国特色社会主义制度优越性的再次彰显，为中国在全球经济舞台上发挥更重要的作用提供坚实基础。

（二）辽宁省民营经济高质量发展的影响因素

辽宁省作为中国东北地区的重要省份，其民营经济高质量发展的影响因素在与其他省份比较中呈现出独特的特点。由于影响民营经济高质量发展的因素十分复杂，本研究将从政策环境、金融支持、技术创新、市场竞争环境、社会文化以及国际环境等多个方面进行阐述。

其一，政策环境的影响。与其他省份相比，辽宁省的政府政策对于民营企业的支持力度、政策的执行力度以及政策的稳定性等方面存在一些差异。政府政策的适应性和针对性，直接影响着民营企业的发展方向和发展速度。在政策制定和执行的过程中，辽宁省应因地制宜，更好地解决本地实际问题，增加民营企业的获得感和参与感。

其二，金融支持和融资环境辅助。一般来说，辽宁省的金融体系是否更加灵活、融资渠道是否更为畅通，直接关系企业投资扩张的结果。金融机构对民营企业的融资支持力度、贷款利率以及融资难易程度等因素，都会影响辽宁省民营企业的创新和发展。

其三，技术创新同人才支持为核心的战略要求。辽宁省的民营企业能否积极投入研发、应用先进技术、拥有高素质的人才团队，将直接决定其在市场竞争中的地位。进一步来说，辽宁省的技术创新体系和人才培养机制是否更为完善，是影响其高质量发展的关键因素。

其四，市场竞争环境的影响。辽宁省的市场环境如何、市场开放度是否足够，都会影响民营企业的市场份额和盈利水平。市场需求的变化、行业竞争激烈与否等都是需要与其他省份比较深入考察的因素，以更好地为辽宁省的民营企业提供更有针对性的发展战略。

其五，社会文化因素的重要性。企业家文化、创业氛围、社会诚信度等因素都对企业的经营决策和发展态势有所影响。一般来说辽宁省的社会文化环境是否更加有利于创业和发展，将影响民营企业的兴衰。

其六，对国际环境变化的适应能力。贸易政策、国际市场需求的变化等因素都需要辽宁省的民营企业具备一定的适应能力。辽宁省的民营企业是否能够更好地利用国际市场机遇，进行国际合作，是值得关注的。

（三）建立民营经济评价体系的要素

1. 基本要素

通过对辽宁民营经济影响要素进行分析可知，为建立更好的综合评价体系，需做好以下几个工作。第一，考察民营企业在不同行业的分布情况，分析产业结构的合理性和适应性，这可以更好地判断民营经济是否具备良好的发展基础。第二，注重企业经济效益。通过分析民营企业的营业收入、利润水平、资产负债状况等财务指标，全面了解经济效益，包括盈利能力、偿债能力等方面的情况。第三，关注企业的创新能力。通过关注企业的研发投入、专利申请数量、新产品推出等指标，评估辽宁省民营企业在创新方面的实力。第四，重视就业贡献的综合评价标准。民营经济的健康发展应当促进就业机会，因此要考察企业的员工规模、薪酬水平，以及对本地就业市场的贡献。此外，社会责任、环保意识和政府政策对民营经济的扶持也是评价体系不可忽视的因素。政府的支持政策、减税降费政策等对民营企业的发展产生直接影响，需要纳入评价体系，以确保政策与实际发展相协调。第五，国际竞争力也是一个重要的评价要素。辽宁省民营企业能否在国际市场中竞争，包括出口业绩、国际市场份额等指标可以为评价其国际竞争力提供有力的参考。

在建立辽宁省民营经济评价体系时，以上要素需要结合地方实际和发展目标进行权衡与调整，以确保评价体系全面、科学且具有可操作性。这样的评价体系将有助于更好地引导辽宁省民营经济高质量发展。

2. 原则

建立辽宁省民营经济评价体系时要遵循一系列原则，以确保所建立的基础框架的搭建更具科学性、全面性和客观性。以下是建立该体系时应考虑的原则。

（1）科学性原则。

评价体系应基于科学的理论和方法，确保评价指标具有可操作性和客观性。科学性原则要求采用经济学、管理学等相关学科的理论和方法，保障评价结果的科学性和准确性。

（2）全面性原则。

评价体系应覆盖民营经济的各个方面，包括经济效益、创新能力、就业贡献、社会责任等。全面性原则要求综合考察企业的多方面表现，避免侧重某一因素而忽视其他重要因素。

（3）系统性原则。

评价体系应该具有系统性，将各个评价要素有机地结合起来，形成一个相互关联的整体。系统性原则使评价指标之间具有协同作用，进而使得评价结果更具综合性。

（4）实用性原则。

评价体系设计应具有实用性，能够为政府、企业和其他相关方提供有针对性的参考意见。实用性原则要求评价指标反映实际问题，为决策者提供可操作的建议。

（5）动态性原则。

动态性原则要求评价指标能够随着时代和经济形势的变化进行调整，以保持对民营经济发展的准确评价。

（6）参与性原则。

在建立评价体系的过程中，应广泛征求相关利益者的意见，增强评价体系的公正性和合法性。参与性原则要求充分听取政府、企业、学术界和社会公众的声音，确保评价体系的建立是全面而公正的。

（7）可比性原则。

评价体系的指标设计应具有可比性，便于进行快捷的区域性比较。可比性原则要求指标的选择和计量方法要考虑国际通行的标准，以便更好地借鉴其他地区的经验。

（8）透明度原则。

评价体系的设计和评估过程应具有透明度，公开评价指标的选取和权重分配等信息，使得评价过程公正、透明，能够获得广泛的认可和信任。

遵循以上原则，辽宁省可以建立一个更加科学、全面、系统、实用、动态、参与、可比和透明的民营经济评价体系，以为实现民营经济高质量发展提供有力支持。

3. 指标的完善性

结合已有研究成果，并在充分考虑新发展理念的要求，如经济效益、创新能力、就业贡献、社会责任等方面的前提下，本研究报告提出了适用于辽宁省民营经济质量评价的更具完善性的一级指标、二级指标和三级指标，具体如表 2－1 所示。

表 2－1　　　　　　　　新发展理念下目标体系指标体系

要素选择	一级指标	二级指标	三级指标
经济效益	营业收入	年度总营业收入	各行业营业收入占比
		年均增长率	行业利润水平对比
	利润水平	年度净利润	
		毛利利润	短期/长期债务比例
	资产负债状况	资产负债率	
		偿债能力	
创新能力	研发投入	年度总研发投入	不同行业研发水平对比
		研发投入占比	
	申请专利数量	年度申请专利数量	核心技术专利与外观设计专利数量
		专利转化率	
	新产品推出	年度新产品数	新产品市场反馈
		新产品销售占比	
就业贡献	薪酬水平	员工薪酬总额	高技能高位/基础岗位薪酬差异
		薪酬平均增速	
	员工规模	年末员工数量	不同行业员工分布
		员工数平均年增加率	
社会责任	社会公益活动	年度社会公益总支出	社会公益项目实际成效
		公益活动覆盖率	
	环保措施	年度环保投入	减排效果/能源利用率
		环保成果评价	
国际竞争力	出口额	年度出口额	主要出口产品市场份额
		出口市场多样性	
	国际市场	国际市场份额占比	与同行业国际企业比较
		国际竞争评价	

表 2－1 中一级指标综合考虑了民营经济高质量发展中的经济效益、创

新能力、就业贡献、社会责任和国际竞争力等要素。此外，所列指标也符合新发展理念，具体体现在以下几个方面。首先，创新驱动带领的研发投入、专利申请数量、新产品推出率等指标反映了企业在创新方面的努力，符合新发展理念强调创新驱动的理念。其次，环保措施与绿色发展的要求相契合，社会责任指标体现了企业对环境保护和社会责任的重视。再次，开放合作着重于对企业出口业绩、国际市场份额的考察，符合新发展理念鼓励开放合作的理念。员工规模、薪酬水平等指标关乎企业对员工的贡献度。最后，资产负债状况、社会公益活动等指标考虑了企业的长远可持续发展，与新发展理念倡导可持续发展的目标相契合。

三、辽宁省民营经济综合评价体系的设计

（一）分析模型的比较

一般来说，评估民营经济发展水平的模型多种多样，涵盖了经济、社会、环境等多个方面。本研究具体比较各模型的理论形成与应用范围，并阐明其不足之处。

1. 加权平均法模型

加权平均法模型在分析辽宁省民营经济高质量发展时存在不足，该模型通常基于所选要素的权重，在分析高质量发展的复杂经济体系时存在以下问题。（1）涉及多个维度，如经济效益、创新能力、社会责任等。这些维度的权重可能因时而变，而加权平均法模型较难灵活应对这种变化，导致模型难以充分反映不同阶段或不同行业的发展特点。（2）其假设各个因素之间是线性独立的，而实际的情况是，民营经济高质量发展的各个方面存在相互关联和互动。这使得通过简单的加权平均无法充分捕捉这些复杂关系，影响模型的准确性和全面性。（3）该模型容易受到数据的选择和权重设置的主观性影响。研究者对不同因素的考量和重要性评估方面可能存在差异，导致模型的结果受主观因素干扰，削弱了模型的客观性和科学性。

2. 层次分析法（AHP）

层次分析法在分析辽宁省民营经济高质量发展时存在不足，不足的原

因有以下几点：（1）AHP 建模时需要构建一个层次结构，包括目标、准则、子准则等，但对于复杂的民营经济高质量发展问题，很难将所有的因素和关联关系完全且清晰地纳入层次结构，会忽略一些关键因素，进而影响评估的全面性和准确性。（2）AHP 对于专家判断的依赖较大。模型的结果可能受到专家主观意见的影响，不同专家对于权重和因素的看法存在主观差异，导致结果的不确定性和不稳定性。（3）AHP 对于权重的敏感性较高。微小的改变也会导致结果的显著变化，这在实际应用中会引发不确定性和争议，尤其是在复杂多变的经济环境中。（4）AHP 适用于定性和定量混合的问题，但对于某些民营经济高质量发展问题中存在的如社会责任、企业文化等因素，AHP 的可操作性可能较差。

3. 熵权法模型

对辽宁省民营经济高质量发展进行分析时，熵权法的数据要求、假设和对极端值的敏感性等问题可能导致分析结果的不稳定。具体体现在以下几点：（1）熵权法对数据的要求较高。该方法依赖于各指标之间的相关性，需要大量准确的数据来计算信息熵和权重。然而在实际情况中，有些指标可能缺乏足够的数据支持，或者数据质量存在不确定性，影响了模型的准确性。（2）熵权法容易受到极端值的影响。对于某些指标，如果存在极端值，就会导致熵权法赋予该指标更高的权重，使结果过于敏感。（3）熵权法在计算过程中需要对指标进行标准化处理，而在某些情况下，这可能使原有指标的信息丢失，导致权重的计算不够准确。

4. 模糊综合评价模型

该模型适用于处理信息不确定或难以准确量化的情况。因此，涉及众多因素、关系复杂的问题，模糊综合评价模型的主观性、简化性以及对数据的高要求使其在分析这一问题时不适用。具体体现在以下几点：（1）模糊综合评价模型的建立需要确定模糊隶属函数和隶属度的取值范围，主观性较强。（2）对各因素之间的相互影响关系的描述较为简单。在民营经济高质量发展的过程中，各因素之间的复杂关系可能无法通过简单的模糊综合评价进行准确表达，导致模型反映实际问题时不够精确。（3）权重分配的模糊性过高。不同权重的分配方法可能导致不同的结果，而模糊综合评价模型本身对权重的合理性和确定性要求相对较低，可能导致评价结果的不稳定。

5. 数据包络分析（DEA）模型

该模型通过比较不同企业输入产出方面的表现，判断其相对效率。尽管 DEA 在评估相对效率方面具有优势，但在特定情境下无法充分捕捉整体的效益和发展质量，存在以下局限性。（1）DEA 模型侧重于相对效率的计算，即通过比较各个单位在多个输入和输出指标上的表现来确定相对高效性。然而，在民营经济高质量发展的过程中，很多时候更关注的是整体的综合效益，DEA 模型相对局限于对相对效率的评估，无法充分反映高质量发展的全面性。（2）DEA 模型对数据的敏感性较高。极端值或者数据的波动会导致 DEA 模型结果的不稳定性，尤其是在民营经济这样多元、复杂的背景下，数据的不确定性较大。（3）DEA 模型要求所有输入和输出指标均为可量化的数值。对于一些难以具体量化的因素，比如社会责任、企业文化等，DEA 模型则难以直接处理，导致对这些重要因素的忽视。

6. PCA（主成分分析）模型

对于辽宁省民营经济高质量发展这样一个涉及众多因素、关系复杂的问题，PCA 模型无法充分考虑到非线性关系、高维度变量的重要性和数据分布的实际情况。（1）PCA 模型更适合处理线性关系，而在民营经济高质量发展的过程中，各个因素之间的关系是非线性和复杂的。PCA 无法很好地捕捉到这些复杂关系，导致对民营经济发展的分析过于简化。（2）PCA 模型在降维过程中忽略了一些关键信息。在民营经济高质量发展的过程中，一些重要但维度较低的因素被 PCA 模型剔除，导致分析结果不够全面，无法充分反映民营经济的多元化。（3）PCA 模型对数据的分布和特性要求较高，要求数据是正态分布的。而在实际情况中，民营经济的数据会存在一定的偏态性和异方差性，这就会导致 PCA 模型的结果受到数据特性的影响，进而降低准确度。

（二）结构方程模型（SEM）的选择与优势

通过对以上几种理论模型的比较可知，构建辽宁民营经济高质量发展评价体系的过程中存在一定的复杂性，为使所选评价方法产生的预期影响更符合实际的经济现实，我们将重点探讨结构方程模型在其应用过程中的理论意义与优势。结构方程式模型（SEM）通常通过观察潜在观察变量之间的关系，在现有经济研究中，它可以帮助研究者确定变量之间的因果关系，完成多变量之间的多元关系综合分析。其优势总结为以下几点。

1. 多指标综合分析

考虑到评价体系的复杂性，本研究观测经济活动、创新能力、财务状况等因素之间的相互关联性，使用 SEM 可以更全面地理解它们的关系。

2. 潜在结构建模

SEM 能够处理不能直接观测的潜在变量，如经济活动、创新能力等，这使得我们可以更好地捕捉民营经济高质量发展过程中潜在的、难以直接测量的因素，从而更全面、准确地评价发展水平。

3. 路径分析

SEM 允许建立和检验不同潜在变量之间的路径关系，从而深入探讨各个指标之间的因果关系。这对于了解民营经济中各个因素对发展的直接影响和间接影响非常重要。

4. 因果关系检验

通过提供的拟合度定量评估与统计检验，可以更严格地检验民营经济高质量发展评价体系中各因素之间的因果关系，增加对评价体系的信度和效度。

5. 模型修正的便捷

初步与后续的模型修正可以提高原有模型的解释力，使评价体系更符合经济现实。

6. 统一性分析框架

SEM 提供了一个统一的分析框架，使研究者可以在同一个模型中集成不同领域的理论和指标。这对于民营经济高质量发展的综合评价非常有帮助，因为这涉及经济、创新、财务等多个领域的因素。

综上所述，SEM 作为一种灵活而全面的统计方法，可以对辽宁民营经济高质量发展评价体系进行深入的研究。在使用 SEM 时，相关部门的研究者应该充分考虑评价体系的复杂性和多维性，以便更好地掌握民营经济的发展状况。

（三）模型设计

在 SEM 中，数学表达式通常表示为潜在变量（latent variables）和观察变量（observed variables）之间的关系。接下来，结合几项关键指标提供简单的 SEM 模型构建思路。

1. 变量选择

表 2 - 2 是结合前章所述的新发展理念构建的一级指标、二级指标与三级指标体系，在实际的综合评价分析中，选取经济活动（EA）、营业收入和利润（R&P）、就业人数和人均工资（E&A. W）、研发投入（R&D）；资产负债率（DR）、环保措施投入（EM）、市场份额（MS）；贷款利率和融资成本（LR&FC）等指标作为模型的潜在变量与观察变量。

表 2 - 2   潜在变量与观察变量的选择

潜在变量	观察变量
经济活动（economic activity, EA）	营业收入和利润（revenue&profit, R&P）
创新能力（innovation capability, IC）	就业人数和人均工资（employment&avg. wage, E&A. W）
企业财务状况（financial condition, FC）	研发投入（R&D）
环保政策（environmental measures, EM）	资产负债率（debt ratio, DR）
市场开发（market expansion, ME）	投资环境（environmental investment, EI）
金融状况（financial conditions, FiC）	市场份额（market share, MS）
	贷款利率和融资成本（loan rate&financing cost, LR&FC）

2. 模型解释

参照表 2 - 2 潜在变量与观察变量建立如下基础数学关系式：

$$EA = \alpha_1 \cdot (revenue\&profit) + \alpha_2 \cdot employment\&aug. wage$$

$$IC = \beta_1 \cdot R\&D$$

$$FC = \gamma_1 \cdot debt\ ratio$$

$$EM = \delta_1 \cdot environmental\ investment$$

$$ME = \epsilon_1 \cdot market\ share$$

$$FiC = \tau_1 \cdot loan\ rate\&financing\ cost$$

其中，各关系式中的数学符号 ε 表示误差项，λ 表示因子载荷，α、β、γ、δ、ϵ 表示路径系数。具体解释如下所示。

（1）经济活动（EA）：指各种生产、交易和服务行为，包括企业的生产经营、创新投资、市场交易等。这一变量反映了民营经济参与各层面的经济活动的水平，其对评估辽宁民营经济的发达程度和发展质量至关重要。高质量的经济活动通常创新能力强、市场竞争力强、资源配置高效。可用营业收入/利润、就业人数/人均工资来确定。基础数学表达式如下所示：

$$revenue\&profit = \lambda_1 \cdot EA + \varepsilon_{1a}$$

$$employmen\&aug.\ wage = \lambda_2 \cdot EA + \varepsilon_{1b}$$

（2）创新能力（IC）：指企业在技术、管理、产品等方面的创新水平。这一变量反映了民营企业适应市场变化、提高竞争力方面的能力。高水平的创新能力意味着企业能够不断推陈出新，并提升生产效率和产品质量，从而在激烈的市场竞争中脱颖而出。创新能力对于促进经济增长、推动产业升级和提高整体竞争力具有关键作用，是推动辽宁民营经济高质量发展的重要因素。基础数学表达式如下所示：

$$R\&D = \lambda_3 \cdot IC + \varepsilon_2$$

（3）企业财务状况（FC）：能够客观反映企业财务健康状况，为决策者提供科学的决策依据。通过对企业资产负债表、利润表等数据进行定量分析，模型能够识别潜在的风险因素和经济压力点，并为企业提供财务风险防范的有效手段。在辽宁民营经济高质量发展的过程中，通过构建此数学模型，可以更准确地评估企业的偿债能力、盈利水平及资本结构，进而为企业制定战略决策提供决策依据。这种量化方法有助于精准识别民营企业在市场竞争中的优势和劣势，为其可持续成长提供有力支持。因此，建立企业财务状况简单数学模型对促进辽宁民营经济的高质量发展和提升企业竞争力具有显著意义。基础数学表达式如下所示：

$$debt\ ratio = \lambda_4 \cdot FC + \varepsilon_3$$

（4）环保政策：能够定量评估企业在环保政策下的经济成本、投资回报和环境效益，并为企业制定可持续发展战略提供科学依据。通过对环保措施与环保投入的综合占比分析，可以精准测算企业的环保投入和资源节约的潜在盈利，并推动民营企业更主动地参与环保实践。有助于企业更好地遵守环保法规，提高资源利用效率，降低环境污染风险，进而提升企业形象和市场竞争力。基础数学表达式如下所示：

$$environmental\ investment = \lambda_5 \cdot EM + \varepsilon_4$$

（5）市场开发：市场是民营经济发展的重要舞台，深入研究市场要素，包括市场规模、需求趋势、竞争格局等，有助于更好地清楚市场环境。分析市场需求和趋势，有利于民营企业调整产品结构，提高市场适应性。与此同时，深入了解竞争格局，可以促使企业更灵活地调整经营策略，提升竞争力。在辽宁民营经济高质量的发展过程中，融入市场开发要素可以帮助企业更好地把握机遇，迎接挑战。此外，通过分析市场，企业可以更准确地定位目标客户，增加市场份额。因此，考量市场扩张与份额，有助于实现民营经济在辽宁地区的高质量发展，推动企业持续创新和升级。基础数学表达式如下所示：

$$market\ share = \lambda_6 \cdot ME + \varepsilon_5$$

（6）金融状况：贷款利率直接影响企业融资成本，对其投资决策、生产经营和创新能力产生深刻影响。低贷款利率能够减轻企业融资的压力，提升其盈利水平，促进民营经济的健康发展。此外，通过监测金融状况，政府和金融机构可以及时调整金融政策，支持民营企业健康发展，推动辽宁民营经济向着更加高质量的方向迈进。因此，融入这些金融要素对于全面分析和促进辽宁民营经济的高质量发展非常重要。基础数学表达式如下所示：

$$loan\ rate\&financing\ cost = \lambda_7 \cdot FIC + \varepsilon_6$$

结合全体要素构建的方程式如表 2 – 3 所示，其中，η、β、γ、δ、ε、ζ 是潜在变量的回归系数，λ 是观察变量与潜在变量的回归系数。

表 2 – 3 　　　　　　　　全变量在结构方程中的表达

潜在变量	观察变量
$EA = \eta_1 \cdot R\&P + \eta_2 \cdot E\&A.\ W + \eta_3 \cdot R\&D + \eta_4 \cdot DR$	$R\&P = \lambda_1 \cdot EA + \lambda_2 \cdot FC$
$IC = \beta_1 \cdot R\&D + \beta_2 \cdot EI$	$E\&A.\ W = \lambda_3 \cdot EA + \lambda_4 \cdot FC$
$FC = \gamma_1 \cdot R\&P + \gamma_2 \cdot E\&A.\ W + \gamma_3 \cdot DR + \gamma_4 \cdot LR\&FC$	$R\&D = \lambda_5 \cdot IC + \lambda_6 \cdot FC$
$EM = \delta_1 \cdot EI$	$DR = \lambda_7 \cdot EA + \lambda_8 \cdot FC$
$ME = \varepsilon_1 \cdot MS + \varepsilon_2 \cdot LR\&FC$	$EI = \lambda_9 \cdot IC + \lambda_{10} \cdot EM$
$FiC = \zeta_1 \cdot LR\&FC$	$MS = \lambda_{11} \cdot ME + \lambda_{12} \cdot FC$
	$LR\&FC = \lambda_{13} \cdot FC + \lambda_{14} \cdot ME + \lambda_{15} \cdot FiC$

在此需明确几个重要的路径关系，便于接下来的实证分析与理论拓展。

（1）经济活动→创新能力：$IC = \alpha_1 \cdot EA + \varepsilon_7$。

首先，积极的经济活动为企业提供了更丰富的资源和更多的市场机遇，为创新提供了必要的条件。其次，激烈的市场竞争激发了企业的创新动力，并推动其不断迭代、改进产品和服务。经济活动中的合作与竞争相结合，激发了企业在技术、管理和市场方面的创新能力。最后，参与各类经济活动，企业更容易获取外部知识和信息，促进了技术创新。深入研究这一路径关系，可以更全面地认识辽宁省民营经济发展的"瓶颈"，为制定有针对性的政策提供理论支持。

（2）经济活动→企业财务状况：$FC = \beta_2 \cdot EA + \varepsilon_8$。

积极的经济活动为企业创造了更多的商机和资源，直接影响其经济收入和盈利能力。盈利能力与企业财务状况密切相关，经济活动的增加，使企业的利润增加，并将更多的资金用于投资、扩张和创新。通过深入研究经济活动与企业财务状况的路径关系，可以更好地理解民营经济在高质量发展过程中的资金运作机制，使市场份额较大与知名度较高的企业有更高的市场信誉与融资能力。这不仅为企业促进财务健康提供了理论指导，也为政府制定支持民营企业融资的政策提供了依据，推动辽宁省民营经济获得更高质量的发展水平。

（3）创新能力→市场开拓：$ME = \gamma_2 \cdot IC + \varepsilon_9$。

创新能力能够增强企业核心竞争力。首先，企业不断推出具有竞争优势的产品或服务，更好地满足市场需求，提高产品附加值，从而在市场中占据有利地位。其次，创新能力带来的技术、管理等方面的先进性，使企业能够更灵活地适应市场的快速变化，更好地应对激烈的市场竞争，从而实现市场份额的增加。通过积极的市场拓展，企业能够不断收集市场反馈和客户需求，为创新提供宝贵的信息和方向。与此同时，开拓新市场常常需要创新的产品或策略，这促使企业进一步提升创新能力，最终形成良性循环。研究创新能力与市场开拓的路径关系，有助于揭示辽宁省民营经济发展过程中如何通过创新实现市场开拓，促进企业高质量发展。

（4）创新能力→金融状况：$FIC = \delta_2 \cdot FC + \varepsilon_{10}$。

明确创新能力与企业所处金融状况之间的路径关系，可以更好地理解民营企业在高质量发展过程中如何通过创新活动实现财务的改善，有助于为政府、企业制定支持创新和改善金融状况政策提供参考，以推动多数企业的高质量发展。

四、对策建议及未来展望

（一）对策建议

尽管本研究未进行实证分析，但通过对新发展理念下民营企业高质量发展指标的完善，根据选择的评价指标仍可提出以下对策建议，以推动辽宁省民营经济实现更高水平的发展。

1. 促进经济活动（EA）

政府可通过减税降费、简化行政审批等手段，激发企业生产活力，提高民营企业的盈利水平；支持新兴产业，鼓励传统行业向智能化、绿色化方向转型，推动经济活动多元化和可持续发展。

2. 强化创新能力（IC）

设立基金鼓励创新，使企业研发与技术创新得到有效支持。政府可推动产学研合作，促进创新成果转化为实际生产力，并培育更多的高科技企业。

3. 优化财务状况（FC）

制定金融政策，优化融资环境，减轻企业负担，降低融资成本。设立专项资金，支持企业发展，增强民营企业的财务稳健性。

4. 推动环保措施（EM）

低能减排，发展绿色能源，提高针对特殊企业的奖励制度，鼓励企业主动承担相应的环保责任。

5. 拓展市场份额（ME）

政府制定符合国际市场要求的政策，积极引导企业参与国际竞争，提高市场竞争力，实现民营经济的全球化发展。

6. 优化金融环境（FiC）

制定金融补贴政策，支持民营企业降低融资成本，增强财务灵活性。

（二）展望

　　未来的研究应侧重于以下几个方面。首先，进一步深化对结构方程模型的实证分析，基于收集的实际数据，明确各潜在变量与观察变量之间的关系，为政府制定更切实、可行的政策提供科学依据。随着研究的深入，针对实证结果提出更加具体的政策建议，推动民营企业结构性升级。促进企业从传统行业向高科技、高附加值产业转型，提升企业的整体经济的竞争力。其次，加强与其他省份、国家（地区）的经验交流，共同探讨高质量发展的路径。通过国际合作，引入外部先进技术和管理经验，促使辽宁省民营经济更好地融入全球市场。再次，逐步完善辽宁省民营经济高质量发展的评价指标体系，在 SEM 的基础上，引入更多维度和变量，使评价体系更全面、科学、可操作。最后，在政策的推动下实行全程监测，及时发现问题并予以解决，确保政策的有效性和可持续性，推动民营经济在新发展理念中持续健康发展。

五、研究结论

　　本报告通过对应用结构方程模型（SEM）的理论性与应用性进行初步探讨，建立了不同视角下的综合评价体系。以更系统地理解辽宁省民营企业的经济活动、创新能力、财务状况、环保措施和市场拓展等。尽管本研究未提出具体评价的参考阈值，但为综合评价体系的实证分析奠定了基础。在未来的研究中，我们也将不断深化对 SEM 的应用，结合实际数据，更精准地描绘民营经济发展的图景。与此同时，建议政府与企业携手，共同推动经济高质量发展，助力辽宁省民营经济在全面建设社会主义现代化国家的伟大征程中取得更为卓越的成就。

　　近年来，辽宁省民营经济快速发展，民营企业数量、民间投资、民营企业贸易伙伴数量都有不同程度的增加，在国家政策的大力支持下，民营经济发展空间不断增加，2019 年辽宁省出台《关于加快民营经济发展壮大的若干意见》，集中推出 23 项加快民营经济发展的举措，规模较大的民营企业反应迅速，进行了相应的结构调整。

国家"一带一路"倡议提出后，辽宁省推进"174＋1"合作，成为民营经济外贸发展的新引擎，民营企业与新兴经济体的合作水平得到有效提升，民营企业遍布全球的多元化贸易格局逐步形成。与此同时，辽宁省民营企业对非洲市场的进出口份额、对拉丁美洲市场的进出口份额、对"一带一路"共建国家货物进出口份额的增长也作出了巨大贡献。辽宁民营企业高质量的发展得益于国家良好的政策，继续保持和增强民营企业增长态势需要突破与创新，技术创新必将成为引领民营企业高质量发展的必由路径。

2023 年，全省有进出口记录的外贸经营主体首次突破 1.5 万家。其中民营企业 1.28 万家，合计进出口额 3552.7 亿元，占 46.4％，较上一年同期高 1.3 个百分点。从数据可以看出，民营企业已经是现代市场经济的生力军，对辽宁省经济进一步发展起到了至关重要的作用，振兴辽宁民营企业经济就是振兴辽宁经济，而民营企业高质量发展的核心任务就是科技创新，科技创新对经济发展的作用不言自明。

辽宁省民营经济品牌化建设报告

▶ 卢剑峰　陈　璐

在新常态的背景下，我国经济由高速增长转为高质量发展，这给民营企业带来了巨大的发展机会和挑战。面对日益激烈的市场竞争，民营经济品牌化建设成为抢抓机遇、应对挑战、谋求新发展的重要举措。近年来，辽宁省民营经济在省委、省政府的正确领导下，以习近平新时代中国特色社会主义思想为指导，持续推进民营经济品牌化建设，在转变经济发展方式、提升产品质量、提高自主创新能力等方面取得了新成效。为加快开创辽宁民营经济发展新局面，凝聚新优势，树立新标杆，实现再跨越发展，辽宁民营企业必须加大实施品牌化建设的力度。

一、辽宁省民营经济品牌化建设的意义

在市场经济中，品牌已渗透到经济和社会发展的各个方面。对于民营企业来说，品牌化建设是促进其发展的重要策略，是增强其竞争力、推进现代化和国际化的重要途径。

（一）促进民营企业发展壮大

改革开放的 40 多年时间里，民营企业的成长经历了从无到有、由弱到强的过程。随着社会主义市场经济体制的不断完善，市场对优质产品的需

求也不断增加，品牌意识薄弱的企业面临着巨大的生存压力，如果不创新发展，最终将难以在市场中站稳脚跟。综观世界各国企业的发展和成长历程，大企业也是从小企业起步，最后发展成世界性的大企业。其中一个成功的经验就是，这些企业从一开始就非常注重品牌建设，并且有长期的品牌管理理念。在市场经济中，从一定意义上来说，品牌就像企业的形象、企业的象征，没有了品牌，企业就不会在市面上出现"名号"，当然，也不会有人知道。这样的企业很难在市场上获得发展，更别说壮大了。因此，在激烈的市场竞争中，如何建立品牌，不仅关系到民营企业能否立足于市场，还关系到民营企业的发展与壮大。

辽宁民营企业的整体规模不大，多数是中小型企业。中小型民营企业想要长期稳定地持续发展，就不能只看重一时的利润而损害了品牌的形象。对于辽宁民营企业来说，建立一个品牌对于自身的发展来说是很有必要的，因此，在企业发展初期，就必须加强品牌建设的策略，这个策略不是一个短暂的过程，而是一个长期的企业策略，使整个民营企业从上到下、从管理层到一般的员工，都能树立品牌意识和观念，促进品牌的落地及发展，从而增强企业的竞争力。

（二）提高民营企业竞争力

在新常态背景下，人们的消费水平处于一个全方位的转型时期，人们对商品的需求也由"有没有"转向"好不好"，因此对商品的品牌需求也随之提高。在不断变化的市场中，加强品牌建设，提高产品质量是一件刻不容缓的事情。从未来消费者的需求来看，市场源于品牌，也就是说，如果一家企业没有品牌，那么这家企业将无法在激烈的市场竞争中生存。因此，在不断推进供给侧结构性改革的进程中，民营企业的品牌化建设是必需的，也是核心的战略，民营企业必须用高质量的品牌来获得市场的认同，进而提高企业的综合竞争力。一个企业如果没有品牌建设，就会缺少竞争力，要想在经济发展中占有绝对优势，就必须创建自己的品牌，用品牌溢价产生的价值来提升企业的实力，持续提升企业的竞争力。

（三）促进民营企业现代化、国际化发展

党的二十大报告指出，"要营造市场化、法治化、国际化一流营商环境"。这也说明，我国民营企业要努力实现现代化和国际化的目标。随着经济和社会的发展，民营企业也必将向现代化和国际化的方向发展，基于此，民营经济品牌化建设是一种很现实的需要。企业的知名品牌，作为重要标志，一定程度上决定了该企业的现代化与国际化程度。如果一个企业能够拥有一个国际知名品牌，可以表明该企业是一个现代化水平良好的企业，并获得了国际上的认可。可以说，一个民营企业如果没有品牌，就无法成为一个现代化的企业。企业自己的品牌才是国际竞争的核心竞争力。所以，民营企业要想赢得国际上的认同，必须有自己独特且强势的品牌，这样的企业才可以在国际市场竞争中站稳脚跟。

2023 年，辽宁省有进出口实绩民营企业 10802 家，同比增加 4.7%，辽宁省民营企业进出口首次突破 1800 亿元，规模创历史同期新高，进出口增长 9.9%，较全省整体增速 8.5 个百分点，占全省外贸总值的比重较上年同期提升 3.6 个百分点，提高至 46.5%。民营企业要"走出去"，就需要建设自己的品牌，同时，以品牌创新提升品牌的国际竞争力与影响力，实现企业的现代化与国际化。

二、辽宁省民营经济品牌化建设的外部环境分析

辽宁省委、省政府对辽宁民营企业的发展给予了足够的重视，采取了招商引资、改革改制、放宽政策、降低门槛等一系列措施，使民营经济作为本省经济的重要增长点。但由于各种原因，辽宁的民营企业还存在规模偏小、管理相对落后、产品缺乏竞争力等问题，特别是民营经济品牌化建设状况不是很理想，一定程度上制约了辽宁民营企业的发展。当前，辽宁民营企业在进行品牌化建设时，面临的外部环境主要有以下几个。

（一）政策环境分析

政府在民营企业发展过程中扮演着重要角色，对地区整体经济有着巨大影响。因此，辽宁省政府出台了一系列相关政策促进辽宁民营经济地位的提升以及产业集群式转型升级；同时，也为打造新时期辽宁省特色品牌提供了有力保障，支持辽宁民营经济品牌化建设。

辽宁省市场监督管理局着眼打造质量引领力强、品牌美誉度高的优势产业集群，提升区域产业质量竞争力。按照《辽宁省质量品牌提升示范区验收工作指南》，陆续完成对 2022 年首批筹建的瓦房店市轴承产业聚集区等 7 家园区的验收，同时批准第二批辽宁台安高新农业产业开发区（农业园区）等 8 家园区筹建，这标志着辽宁省质量标准品牌建设又取得了新的突破。

《辽宁全面振兴新突破三年行动方案（2023—2025 年）》提出，"加快产业结构调整，在建设现代化产业体系上实现新突破"，把"加强质量标准品牌建设"作为一项重点任务，由辽宁省市场监督管理局牵头负责。该局勇于担当，紧抓快干，加强组织协调，坚持压茬推进，积极凝聚质量强省领导小组成员单位力量，统筹推进质量强省、标准强省、品牌强省相关工作，接连取得突破性成果。

在质量强省方面，积极推进《辽宁省质量强省建设纲要》《辽宁省人民政府关于贯彻落实〈计量发展规划（2021—2035 年）〉的实施意见》出台，印发《辽宁省进一步提高产品、工程和服务质量行动方案（2023—2025 年）》。开展优质中小企业梯度培育，确定 560 家企业进入 2023 年度第一批辽宁省"专精特新"中小企业公示名单，公布 2023 年度第一批辽宁省创新型中小企业名单 1898 家企业；围绕企业关心的数字化转型、建立现代企业制度、中小企业特色产业集群培育等，组织专家讲座授课、会场交流、实地参访等活动；推荐 102 家企业申报第五批国家级"专精特新""小巨人"企业。

在品牌强省方面，努力实现中国质量奖的突破，推荐 15 家组织正式申报。完善卓越质量管理，推广基地建设标准及运行规则，制定基地升级工作方案。筹划并开展"8 + n"服务活动，推动基地软/硬件建设双升级，促进质量管理水平和标杆示范作用双提升。组织并实施"辽宁优品"认证，评选"辽宁优品"认证标志，制定冰葡萄酒、大米、酸菜、熏鸡、渍菜等 5 类产品认证实施细则。确定 5 家企业开展绿色产品认证试点。组织沈阳鼓风机集团、中街冰点等 42 家省内企业参加上海世博展览会 2023 年中国品牌日系列活动，以供给侧结构性改革及全面振兴新突破为主线设计搭建"辽扩世界"主题展示平台。培育重点工业品牌，举办"服务型制造万里行·走进装备制造业"活动，发布《辽宁省服务型制造典型案例汇编》（第三辑），启动"辽宁省服务型制造培育行动计划"，表彰获得国家级、省级服务型制造示范、省级工业设计中心认定的企业。组织申报国家级服务型制造示范，开展"专精特新"中小企业培育认定。加快农产品品牌建设，召开 2023 年辽宁农业品牌创新发展大会，发布《辽宁省农业品牌建设指南 1.0》，公布首批辽宁农业区域公用品牌目录（23 个）；开展 2023 年辽宁农业品牌评选活动，遴选具有行业影响力、市场竞争力和示范带动力的"辽字号"农产品品牌；组织大连大樱桃、东港草莓、盘锦大米参加农业农村部精品培育营销活动，促进优质特色农产品产销对接。

在政策层面，国家和政府为民营企业发展提供了良好的宏观环境，这些政府文件为辽宁省创建和提升本土化特色品牌提供了重要依据。辽宁省政府出台的相关政策鼓励民营企业开展品牌建设，为辽宁地区民营经济发展提供了有力保障，为区域经济发展注入活力。

（二）市场环境分析

从某种意义上讲，民营企业品牌的良性发展依赖于良好的市场秩序。统一开放、有序的市场，是一个最适合于品牌产生、生存与发展的环境。但是，因为目前的市场体制还不够完善，市场结构也不成熟，市场中出现了不公平竞争和过度竞争的情况，特别是假冒品牌。有关政府职能的配套改革、法律法规还没有建立起来，在品牌建设、扶持和保护方面，市场也没有很好地发挥调控作用。同时，市场上也出现了一些大企业以自身的强势品牌来制约中小型民营企业的品牌发展，对民营企业的品牌化建设造成消极影响，挫伤了其发展的积极性。

（三）营销环境分析

营销环境是民营企业品牌形象和市场竞争力的重要组成部分，良好、合理、有效的市场营销环境，可以为辽宁民营企业搭建一个统一化、规范化、标准化的竞争平台。在我国市场经济体系和经济全球化进程进一步完善以及国际竞争日益激烈的背景下，辽宁省众多知名民营企业都意识到品牌化建设对于自身生存与发展的重要意义，开始重视起企业自身产品、服务及市场营销方面存在的问题并努力解决以提升竞争力，提高企业品牌在社会公众心中的地位，获得良好声誉，为民营经济品牌化发展提供有力保障。辽宁民营企业在品牌化建设中面临着巨大的压力，因此，辽宁民营企业必须积极采取措施，提高市场营销环境适应能力，这成为民营企业发展过程中需要重点关注和解决的问题之一。

（四）法律环境分析

民营企业的发展需要健全的法律保障。总体上看，民营企业的法律制度由两方面组成：一是民营企业的竞争法律体系，包括民营企业的市场准入制度、民营企业的市场竞争制度；二是民营企业的促进法律体系，包括民营企业的技术促进法、民营企业的税收鼓励法、民营企业的信用担保法、民营企业的金融支持法、民营企业的政府辅导法等。

辽宁省市场监督管理局出台《促进民营经济发展的若干措施》，措施聚焦持续优化民营经济发展环境、强化民营经济发展法治保障、推动民营经济高质量发展等方面，并提出 27 条政策措施，进一步提振民营经济的发展信心，促进民营经济高质量发展。但是，从民营经济快速发展的要求来看，仅仅依靠这一部法规是远远不够的，需要进一步完善相关的配套法律体系使辽宁民营企业的法律环境进一步改善，以提供适合企业品牌发展的法律环境。

（五）融资环境分析

民营企业的品牌化建设要求有大量资本、人力和物力的投入，这对于普通中小民营企业来说是最直接的问题。然而，由于民营企业的规模较小，贷款难度较大，因此直接融资更加困难。目前，在辽宁从事金融服务的主要是国有四大商业银行，受行业管理体制与机制的影响，这些国有独资银行为防范金融风险，放贷时显得十分谨慎，尤其对民营企业放贷时控制得更加严格。辽宁民营企业从金融机构获得的资金非常少，其中，民营经济企业获得的银行贷款极少，与广东、江苏等沿海发达省份相比差距极为悬殊。

辽宁省应当出台相关政策，强化融资对接服务。发挥市场监管部门大数据和职能优势，深化与金融机构合作，深入开展"千亿送贷助力三年行动"活动。此外，协调金融机构不断创新推出贴合民营经济发展需求的金融产品和服务，缓解民营企业、个体工商户融资难题。

三、辽宁省民营经济品牌化建设的自身能力分析

综观辽宁省民营企业的构成，大致可分为以下三种：一是以个体经营为基础，逐步积累财富，或者是家族成员出资建立的家族企业；二是由朋友或同事共同出资成立合伙企业；三是国有或集体制企业买断转型的企业。它们的共同特征是企业所有权集中于某一人或一小部分股东，企业股权持续分散化和社会化。改革开放以来，辽宁省民营企业获得了快速发展，截至 2023 年，辽宁省民营企业突破 110 万家，总量达到 113.56 万家，同比增长 6.74%，占企业总量的 89.6%。所以，尽管民营企业具有较高的市场化程度，也具有经营灵活、社会负担较轻等优点，但是在辽宁民营企业的发展过程中，还是出现了许多问题，尤其品牌的问题更为突出，大部分的民营企业对品牌的意识、品牌的关注程度、品牌的建设、品牌的质量等方面都还存在着各种问题，较为显著的有以下几个方面。

（一）品牌意识淡薄

自改革开放以来，民营企业迅速崛起并不断发展，民营企业由此进入了新的发展阶段，并对社会主义市场经济作出了巨大的贡献。但是，由于

民营企业发展的历史较短，且又处于一个比较滞后的阶段，一定程度上来说，也是在解决产品"有没有"这个问题中产生的。辽宁的民营企业大多为家庭经营，在现代企业管理方面有着明显的不足，在管理模式、经营模式、营销模式等方面均无统一的管理体系，也无相应的管理经验。辽宁民营企业还没有充分意识到企业的品牌能够为企业自身带来什么，也没有引起足够的重视，有些企业直接忽略了品牌建设。辽宁民营企业对产品"好不好"并没有太多的认识，而是把精力主要放在产品的生产和营销上。因此，很多民营企业对品牌的重视程度极低，缺乏品牌意识，或是品牌意识不强。有些民营企业觉得只要能生产、有市场，就可以存活和发展，并不需要花费时间和成本去建立品牌。他们相信"酒香不怕巷子深"，觉得只要企业产品的品质好，就不需要品牌建设，殊不知，在快速发展的经济条件下，民营企业如果没有一个品牌的支持，很难取得健康持续的发展。当然，也有一些民营企业对品牌化建设的概念存在一种错误的看法，片面地认为品牌化建设仅仅是广告、宣传的大量投入。这种看法是品牌意识淡漠的体现，影响了民营企业的品牌化建设。

（二）品牌定位不准确

民营企业的品牌定位不仅关乎其自身的形象，还对民营企业之间的差异化和竞争力产生影响，尤其在同一类型的商品中体现得尤为明显，其品牌定位将会对消费者的最终决策产生直接的影响。辽宁省的民营企业起步较晚，很多民营企业还没有清楚地认识到企业品牌建设的重要性，进行错误的品牌定位，造成了较低的市场识别率。如果品牌定位不准确、不清晰，甚至是混乱的，势必会降低民营企业在市场中的竞争力。导致品牌定位不准确的原因主要有以下几个。

一是对消费者的定位模糊。民营企业的产品是面向市场、赢得消费者的，所以在进行品牌定位时，首先要确定企业的消费者群体，即谁是企业的目标客户。民营企业要想在市场竞争中彰显优势，就必须确定自己的目标消费者群体，并根据他们的具体状况对其进行定位。然而，辽宁很多民营企业却忽略了对目标消费者的研究，以为有了产品，就会有对应的客户。因为目标消费者定位不清晰，也不知道该商品是针对哪个消费者群体生产的，这就造成了民营企业的品牌定位错误。

二是对企业品牌建设的核心理念认识不清。品牌的一个主要作用就是将不同的企业区分开，而企业的根本区别就是它们的核心理念不同。但是，有些民营企业却忽略了这一重要因素，把"品牌"仅仅看成一个名字、一个符号或一个商标，认为与民营企业自身的核心价值没有太大的关联。民营企业在实施品牌战略时，如果没有明确的品牌建设核心理念，会导致民营企业无法正确地进行品牌定位。

三是对竞争对手不够了解。在市场经济中，民营企业的品牌塑造在市场竞争中发挥着重要的作用。但是，很多民营企业只注重从企业向客户传递的信息，而忽视了自身的竞争者。因为不清楚竞争对手的状况，在建立自己的品牌时，就不能准确地进行品牌定位。如果品牌定位不准确，民营企业的品牌建设的质量与效果往往会事倍功半，最终无法达到品牌建设的目标与效果。

（三）品牌管理宣传策略选择不当

民营企业建立自己的品牌，是为了提升企业的知名度和美誉度，增强其在市场上的影响力和竞争力，赢得市场的主动权。建立一个品牌之后，民营企业还需要做好营销工作，使自己的品牌更具选择优势，而不是只把它当作一种民营企业内部的经营模式，一种"束之高阁"的经营模式。然而，在实践中，很多民营企业没有妥善地把握好产品生产、品牌宣传和营销之间的关系，严重制约了民营企业的品牌建设。有些民营企业为迅速收回成本，追逐利润，常常将重心放在产品的制造与营销上，而对其产品与服务的质量、市场的反馈关注不足，损害了民营企业品牌的市场形象，进而对产品的生产与营销产生不利的影响。还有些民营企业在品牌建设上花费了很大力气，却忽略了生产和销售，企业的管理者错误地认为，如果企业的品牌打响了，那么他们的销量就会随之增加，这就导致了他们在民营企业品牌建设上的投资很大，而在资源有限的条件下，如果增加了对品牌的投资，那么生产、销售、研发就会变得很少，很难保障产品的品质和服务，而此时民营企业的品牌建设也就变得毫无意义。还有些民营企业对于品牌的长远发展没有清晰的认知，因此，在品牌建设的时候，出现了"三板斧"的情况，尤其是在建立品牌的早期，他们会投入大量广告以快速地进入市场，参与竞争，却没有意识到，一个企业的品牌需要数年、数十年漫长的宣传和维护，最后才能打造出一个知名的品牌。品牌宣传推广属于技术性工作，品牌推广策略的选择则成为影响民营企业品牌建设的技术性问题。

民营企业的品牌管理和宣传不到位，主要表现如下：一是一些民营企业过于注重对商品的销售量和利润的追逐，而忽略了对产品品质的提高，低劣的品质将会对其在市场上的声誉产生直接的负面作用，而这种负面作用的结果则反作用于商品的销售量，并对产品销量产生直接的冲击。二是一些民营企业过分重视对品牌的投资，忽略了自身的营销利益，误以为只有品牌走在前面，销售量才会水涨船高。所以，在品牌宣传上，企业的投资占了很大一部分，这就对产品的研究和营销产生了很大的影响，没有稳定的产品研发和销售做支撑，品牌也就成了一种空谈。

（四）品牌缺乏核心价值

品牌不仅仅是一个名字、一个符号、一个商标，它蕴含的是企业非常丰富的核心价值，是赢得消费者信赖、培养客户忠诚度的基础。一个企业品牌所体现的核心价值，既包括产品的价值、服务的价值，也包括理性的价值、文化的价值、时代的价值等。客户需求的实质是一种心理的满足，通常超越了基本的物质层面。仅仅凭借一句话、一段广告词、一些场景，是难以使客户产生共鸣的。如果民营企业没有自己的品牌核心价值，或是自己的核心价值不鲜明，不能被客户理解和接受，那么它就会丧失其精神和活力。目前，辽宁民营企业缺乏对品牌的核心价值进行战略性的规划，企业品牌建设并不是靠着短期的宣传或者其他方式就可以迅速立足于一个市场，而是需要数年、数十年的经营与维持，需要核心价值的不断沉淀。综观市场上众多的成功品牌，无一不是经历了长时间甚至数代创业者的艰辛。所以，民营企业不能急于求成，要有一个系统的、长期的、有计划的系统建设，逐步获得市场的认同。

四、辽宁省民营经济品牌化建设的战略规划

（一）品牌定位

民营企业的品牌定位主要是指对社会公众和消费人群的需要进行研究，并将其与民营企业的资源与能力相结合，以进一步规划和确定企业、产品、服务等，以此为消费者及客户带来独特的品牌感知的行为。对于一个民营企业来说，品牌的建设与管理涉及品牌定位、品牌拓展、品牌塑造、品牌传播、品牌维护、品牌国际化等一系列工作。品牌定位是民营企业品牌建设的基础，是战略规划的重点，也是首要任务。首先，品牌化建设的每一步都是以品牌定位为基础的，脱离了品牌定位，其他的品牌战略步骤就不能进行；其次，民营企业若不正确地进行品牌定位，将导致其他各环节都会出现问题，从而造成整体的品牌战略实施无法达到理想的结果；最后，若其他部分出现问题，则可由此调整品牌定位，促使其他联结朝着期望的方向调整。在品牌定位时，民营企业最重要的就是表现自己的独特性和优越性。也就是说，要用自己的商品和服务明确地告知客户，可以给客户提供怎样的消费体验，以及这些消费体验相对于其他的竞争者来说具有哪些优势。民营企业在进行品牌定位时，最重要的是区分其产品和品牌的定位，这两个概念虽不相同，却有着密切的联系。首先，以产品为根本，但并非每一件商品都可以变成一个品牌，必须经过推广营销、客户认同，然后才逐渐发展成一个品牌；其次，产品定位的首要目标就是确定企业要生产的产品，而品牌定位则是通过产品的生产、销售和宣传，使产品成为一个品牌所进行的一系列行为。所以，产品的定位是企业的根本，而企业的品牌则可以为企业提供一个营销环境，并对产品的定位进行解读，两者之间存在着互动关系。辽宁民营企业应根据自己的实际情况及发展特点，制定一套与企业进步相适应的品牌发展战略。

本报告构建品牌定位 Locator 结构模型，用于品牌形象分析和优化品牌定位。Locator 结构模型使用一系列标准的品牌形象和品牌偏好的数据，将形象和偏好的数据联系起来，提供预测性和诊断性的分析。图 3－1 是

Locator 模型的结构。在进行形象数据的收集时，Locator 模型增加了对品牌偏好数据的收集。模型将两套数据联结起来，建立一个系统用来预测整体形象定位对偏好变化的影响。

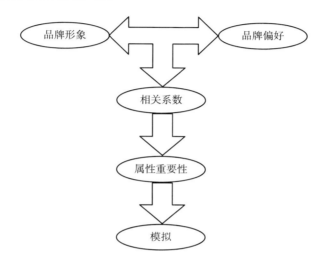

图 3-1　Lorator 结构模型

（二）品牌塑造

民营企业的品牌塑造以品牌定位为前提，即通过一系列管理经营活动向大众及客户传达品牌的有效信息，从而提升品牌价值。其中，采取各种措施改善产品品质，例如，媒体正面宣传、市场推广及市场营销等。在品牌战略的执行过程中，民营企业的品牌塑造起着非常关键的作用，它的目的就是让企业的品牌要素深入社会公众心中，让消费者在进行商品和服务的选择时，都会优先选择该品牌。民营企业的品牌塑造并不只是一种宣传，它还包括提高产品质量、创新产品功能等工作，例如，在汽车生产企业中，通过持续创新，让汽车的功能更加完善，进而给消费者带来更好的产品体验，从而获得更多的客户，建立良好的市场口碑，这也是一种品牌塑造。品牌塑造主要包括两个工作：一是根据产品及服务本身的特点进行营销活动，具体表现为产品品质的提高、产品体验的创新、促销活动的开展以及营销活动的开展；二是在品牌元素的基础上进行一系列营销，其中包括品牌元素设计发布、品牌文化战略等。品牌元素是指品牌名称、企业精神、核心理念、形象宣传片、企业歌曲、企业出版物等,将企业品牌和其他具有竞争力的品牌区分开来。

(三) 品牌延伸

在民营企业中,企业的品牌延伸主要是把已有的品牌形象用于新的产品和服务中。对于民营企业来说,品牌延伸是拓展其品牌影响力、扩大企业规模与增加利润、获得更高市场竞争力的一种主要手段,是实现其多样化发展的一种重要途径。它具有扩展母品牌影响力、丰富品牌内涵、降低营销成本、增强客户忠诚度、占领更多细分领域等优势。然而,若品牌延伸不当,则有可能无法达到提升品牌效应的目的,反而会给母品牌带来不利影响。为此,辽宁省民营企业应对行业及市场进行深入调研,并对其可能产生的不利因素进行全面的分析与预测,这对于企业进行有效的品牌延伸具有十分重要的意义。品牌延伸分为两个层次,第一种是直接延伸,即把已确立的品牌名字直接运用到同一家企业旗下的新产品中,名字与原来的品牌一模一样,也可以通过代际升级。所谓的"一模一样",就是对原来的产品进行小幅的升级,名字没有改变,而"代际升级",就是对原来的产品进行了很大的改进和创新,比如 2.0 版本。第二种是间接延伸,也就是在相同的母品牌之下,对另外一个产品系列进行调整,从而产生新的产品板块。

(四) 品牌延伸

民营企业的品牌架构是指企业在拥有多个品牌的情形下民营企业的品牌构成状况。在民营企业发展的过程中,企业的经营范围越来越广、产品越来越多,在一个品牌的基础上进行品牌的扩展,多品牌的架构逐步成型,品牌策略也由单个品牌向多品牌组合发展。对品牌架构进行优化是民营企业品牌架构管理的重点,企业管理者要在对品牌体系进行全面调查与分析的基础上,采用行之有效的方式对品牌的架构进行持续的优化,使其产品品牌、业务品牌等成为一个有机的整体,进而推动各品牌之间的协同与促进，从而达到最大的品牌效应。品牌架构通常有两种分类标准。一是纵向品牌架构，即较大的企业集团形成的集团母品牌，到各分企业、子企业子品牌的品牌结构，如辽宁中升集团控股有限公司，母品牌为中升集团，集团拥有的全国性4S（包括销售、零部件、售后服务及信息调查）经销店都是其子品牌，其已经成为具有较好市场效应的子品牌。二是横向品牌架构，主要是民营企业中各产品品牌、业务品牌等的组合状况，如辽宁嘉晨控股集团有限公司，从产品上看，嘉晨集团涵盖钢铁、镁质耐火材料、煤及煤化工、矿业；从业务上看，涉及施工品牌、投资品牌、地产品牌等多个领域。

（五）品牌延伸

民营企业的品牌维护是民营企业在其品牌遭受损害时，为了维护其在消费者心目中的良好形象而对其进行的积极防范和保护。品牌是一种具有自身价值的资产，因此人们常把它称为无形资产。许多行业组织都会公布一份企业品牌排名，且排名各有不同，但都是按照品牌的价值来计算的。在市场日趋规范的情况下，民营企业更多地是关注培育品牌和提高品牌价值，从某种意义上讲，越是大型的民营企业，发展越好，其品牌价值就越高，在上市估价和筹资时就越能反映出其品牌价值。而当企业的品牌价值较高时，则会让客户更加认同其所提供的商品与服务。因此，如何维护民营企业的品牌地位，并使其不受影响，就成为各个民营企业进行品牌经营的首要任务。民营企业的品牌维护是一个系统工程，需要政府部门、媒体和社会公众的支持和配合，如此才能使假冒名牌、侵权等违法行为得到遏制。民营企业作为市场经济的重要组成部分，更应该增加对品牌的保护意识，增强自身的品牌维护能力。在这一过程中，要注意以下几点：一是持续地进行创新，使产品和服务的使用者体验得到持续的改善；二是主动采取安全防范措施；三是善用法律的武器来保护企业的合法利益。

（六）品牌国际化

民营企业在进行海外市场开拓和开展经营活动的同时，也要建立并宣传自己的产品和企业的品牌形象，这就是品牌国际化。进行品牌国际化的途径多种多样，各有不同，各个行业的企业都会按照自己的实际状况来决定是先从发达国家开始，还是从发展中国家开始，抑或是从欠发达国家开始。其主要途径有两种：一是通过其自身的产品出口，将其推向世界；二是对地方民营企业进行并购。三大类型的企业品牌的国际化策略为：一是自主品牌的国际化策略，就是把民营企业在本国已有的品牌连同其产品、服务一起出口到海外；二是独立的国际品牌策略，也就是在现有的本土品牌的基础上创建一个更加适合于国际市场宣传的品牌；三是属地化品牌策略，也就是在属地化的市场中创建品牌的策略，许多民营企业采用了这样的策略，并在其核心内容上与其母品牌相契合，在品牌名称、形象、策略等实施的过程中，创建符合当地文化和属地认同的品牌，帮助民营企业快速进入当地市场。

五、加强辽宁省民营经济品牌化建设的路径

党的二十大报告指出，"要优化民营企业发展环境，依法保护民营企业产权和企业家权益，促进民营经济发展壮大。"目前，大多数市场处于完全竞争，这为民营企业的发展创造了有利的条件。在公平竞争的市场前提下，民营企业的品牌化建设已成为竞争的重要内容。因此，对民营企业来说，只有正确地选择品牌建设的路径和方法，加强企业品牌建设，才能在激烈的市场竞争中获得优势，进而推动民营企业的高质量发展。

（一）树立强烈的品牌意识，制定合理的品牌规划

品牌意识是品牌建设的基础。第一，民营企业经营者要形成很强的品牌意识，要明白在市场经济中建立一个企业的品牌对于提高企业整体竞争能力是非常必要的，因为企业的品牌是一种能够给企业发展增加价值的无形资产，这对于企业的成长和发展起着非常关键的作用。与此同时，民营企业经营者也要将这种企业品牌化建设的意识传达到整个企业，要在民营企业内部营造一个良好的企业品牌建设环境，让企业内部的所有人都能为

企业品牌的建设贡献自身的智慧。第二，要有一个合理的品牌规划。民营企业品牌的构建是一个系统工程，它包括了企业发展的总体性战略、长远性战略和企业核心竞争力、企业产品的质量、企业的文化等。所以，要制定一个科学的品牌规划，并按照品牌建设的计划安排工作。第三，以民营企业的品牌战略为指导，认真做好企业的产品与服务工作。产品与服务永远是一家民营企业最核心、最基本的目标，民营企业能否顺利进行品牌化建设，最根本也是最关键的就是其所提供的产品与服务的品质。没有优质的产品与服务做保障，就无法树立企业的品牌形象。对此，民营企业应明确增强自身的品质意识，注重产品与服务的质量，用高品质的产品与服务来占领市场份额，将企业的品牌打造得更好，进而用优良的企业品牌来提升企业的知名度与影响力，使企业的市场占有率得到更大的提升，从而促进民营企业经济快速发展。辽宁民营企业只有先确保自己的产品与服务的品质，才能逐步得到消费者的认可，从而给民营企业带来稳定的经济效益，并为民营企业品牌建设打下坚实的基础。

（二）树立强烈的品牌意识，制定合理的品牌规划

辽宁省民营企业对市场进行定位时，必须与所处行业以及企业自身的具体情况相联系，确定自己的核心优势，突出自己的核心优势，把自己特有的优势传达给客户，同时另辟蹊径、扬长避短，确定品牌定位，这样才能在激烈的市场竞争中立于不败之地。具体应做好以下几点工作：一是要在把握好国内外宏观经济运行特征的基础上，"搭上"宏观政策这一"便车"，对民营企业进行品牌定位；民营企业作为整体的宏观经济运作的一个单元，其品牌定位的正确与否主要取决于其能否符合宏观经济发展的需求，所以辽宁民营企业在进行企业品牌定位时，必须仔细研究其整体的运作特征，再对其进行分析，从而找到并确定其品牌在宏观市场中的位置。二是根据所处行业以及民营企业自身的具体情况明确自己的核心优势，并围绕着企业自身的核心优势来对企业品牌进行定位。找出企业所在的领域，发挥优势，克服不足，在同行业竞争中凸显自己的地位，突围而出，实现民营企业品牌化建设。三是根据顾客的心理需要进行企业的品牌定位。消费者的需求是最直观的体现，尤其是在我国社会主要矛盾已经转化为人民日益增

长的美好生活需要和不平衡不充分发展之间的矛盾的情况下，人们不仅对质量的要求越来越高，而且对品牌的要求也越来越高。传统的一成不变的生产模式已经很难满足日益增长的消费需求和个性化需求，因此，民营企业就需要深入研究客户的需求，并在此基础上进行企业的品牌定位。

（三）树立强烈的品牌意识，制定合理的品牌规划

习近平总书记强调，民营企业要践行新发展理念，深刻把握民营经济发展的不足和面临的挑战，转变发展方式，调整产业结构，转换增长动力，坚守主业、做强实业，自觉走高质量发展路子。① 也就是说，加强对民营企业的品牌管理，增强企业品牌的核心竞争力，是实现民营企业转变发展方式和转换增长动力的关键。建立民营企业的品牌并不是简单的事情，而民营企业的品牌管理与创新更是如此，这就要求民营企业在发展中要给予足够的重视与投入。一方面，民营企业管理者必须加强对企业品牌的管理和保护。在全面依法治国的背景下，民营企业的品牌管理必须遵守有关的法律规定，在不侵犯他人正当权利的前提下，要善于运用法律来维护企业的品牌建设。要加大对民营企业的品牌的宣传和推广力度，对企业的品牌进行保护，充分利用其自身的品牌效应，尤其要注重利用网络多层次、多途径地进行宣传和营销，从而在市场上获得良好的口碑。另一方面，民营企业品牌也在持续创新，以进一步充实企业的品牌内涵。创新是发展的第一动力，也是使民营企业的品牌始终保持旺盛的生命力的关键要素。对于民营企业而言，建立了企业品牌之后，还必须按照市场的发展和客户的需求，不断地改进和创新，尤其要不断地充实企业品牌的内涵，用深刻的品牌内涵不断地吸引客户，通过品牌产品的更新升级，加强企业的品牌影响力，促进民营企业的高质量发展。

（四）树立强烈的品牌意识，制定合理的品牌规划

品牌核心价值是民营企业品牌的精髓，没有核心价值的支持，它就只

---

① 习近平在看望参加政协会议的民建工商联界委员时强调 正确引导民营经济健康发展高质量发展［EB/OL］.（2023－03－07）［2024－03－11］. 人民网.

是一个普通的商标、一个名称、一个标志。为了使民营企业的核心价值得到进一步的提升，民营企业必须全面挖掘出自身品牌的核心价值。在此基础上，确定民营企业所面临的竞争环境以及企业本身的情况。只有这样，才能准确地把握住企业品牌的核心价值，从而使民营企业的核心价值得到进一步提升。在品牌核心价值中必须凸显一定的文化内涵。这是一个企业品牌区别于其他同类产品或服务品牌最本质、最重要的特征。这是企业品牌的历史生命力，也是企业品牌商业价值的重要基础。对于辽宁民营企业来说，要想使自己所打造的企业品牌具有强大的生命力，就必须在打造企业品牌核心价值的基础上建立自己独特鲜明的，且能够让消费者产生深刻印象和认同感、自豪感和荣誉感的企业品牌文化，以推动民营企业健康有序地发展。

长期以来，我国民营经济对经济稳定增长、促进创新、促进就业、改善民生、扩大对外开放等都起着举足轻重的作用。民营企业是我国经济发展的主力军，也是高质量发展的着力点。目前，我国的宏观经济运行面临一些压力：如国内需求不足、一些企业经营困难、关键领域的风险隐患较多、外部环境复杂严峻等。民营经济也面临一些挑战，如总量的阶段性震荡和趋势性收缩，结构上的横向竞争加剧和纵向升级受阻，产品的质量下降和转型动能不足。在这种情况下，民营企业不仅要能生产产品，还要懂得建立自己的品牌，加强民营经济品牌化建设，通过品牌溢价来获取高附加值，同时还要提高民营企业在消费者中的影响力，在激烈的市场竞争中掌握话语权和发展的主动权，以促进民营经济品牌化高效可持续发展，促进民营企业高质量发展，进而为辽宁省经济发展作出突出贡献。

辽宁省民营企业数字化、智能化改造分析报告

▶ 屈天佑 李 娜

习近平总书记指出"发展数字经济意义重大",要求"不断做强做大做优数字经济"①。截至 2022 年,我国数字经济规模达到 50.2 万亿元,同比名义增长 10.3%,占 GDP 的比重达 41.5%,数字经济在促进我国经济高质量发展和加快中国式现代化建设中的重要作用日益突出。党的十八大以来,一批国有企业通过吸收、消化国外先进技术,掌握了一批重大技术装备的核心技术和关键技术。而民营企业同样作为我国基本经济制度的实践主体之一和市场经济的重要参与者,其数字化、智能化建设存在以下两个特征:一是民营企业数字化转型整体上落后于国有企业;二是仅有少数民营企业的数字化转型取得明显成效,但多以市场需求为导向,侧重数字技术的传统业务应用,严重缺乏关键核心技术保障和先进数据平台依托,导致民营企业对数据资产价值的深度挖掘不足,无法实现跨产业链协同等重要领域的研发突破。

改革开放至今,我国民营企业快速发展,数量持续增多、类型持续多样化、规模持续扩大,有了发展的巨大飞跃,为促进我国经济发展和改善人们的生活作出了重大贡献。随着数字信息技术的不断改革优化,其逐渐渗透到我国产业生产、国民生活等诸领域,成为推动经济发展的新动力。当前,我国要想实现经济高质量、可持续发展,应以民营企业经济发展为

---

① 不断做强做优做大我国数字经济来源 [J]. 求是,2022 (2).

突破口，实现数字化、智能化转型，要优化市场经济结构，改变企业经营发展模式，加速企业数字化转型升级，获得更为强劲的发展动力。

数字化和智能化（以下简称数智化），不仅是当前"新基建"的重要内容，也是实现高质量发展的根本途径。在数字经济和智能经济（以下简称"数智经济"）来临之际，数智化转型是全社会面临的共性问题。《数字辽宁发展规划（2.0 版）》提出，到 2025 年，要实现数字辽宁整体发展水平实现跨越式提升；全省数字经济核心产业增加值占 GDP 比重超过全国平均水平，数字经济增加值年均增速 10% 左右；到 2035 年，要高水平建成网络强省，跻身创新型省份前列，高质量建成数字辽宁、智造强省。

辽宁省是中国的工业重镇，其民营经济现状亦是全国民营经济的一个缩影。"因数而智，化智为能。"在数智经济来临之际，辽宁省民营企业对当前经济形势的认知、判断和应对，不仅关系辽宁省经济的高质量发展，也关系东北振兴的速度和质量，并对全国未来总体经济走向产生实质性的影响。因此，探索辽宁省民营企业数智化转型不仅能够为推动辽宁省企业数智化提供科学的理论指导，还可以进一步为全国经济欠发达地区产业经济结构调整和指导企业数智化转型实践提供宝贵的经验，并为国家宏观政策出台和战略调整提供参考。

因此，本研究基于辽宁省民营企业发展现状，深入分析民营企业数字化、智能化转型质量现状及转型程度，并试图分析民营企业数字化、智能化转型过程中所面临的困境及原因，最后提出加强民营企业数字化、智能化转型质量的有效路径。

一、辽宁省民营企业数字化、智能化改造现状与具体形式

（一）辽宁省民营企业及其数字化、智能化改造现状

根据《二○二二年辽宁省国民经济和社会发展统计公报》可知，2022 年辽宁省全年地区生产总值 28975.1 亿元，比上年增长 2.1%。其中，第一产业增加值 2597.6 亿元，增长 2.8%；第二产业增加值 11755.8 亿元，

下降 0.1%；第三产业增加值 14621.7 亿元，增长 3.4%。全年人均地区生产总值 68775 元，比上年增长 2.8%（见图 4 - 1、图 4 - 2）。

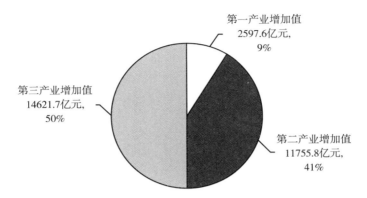

第一产业增加值 2597.6亿元，9%

第三产业增加值 14621.7亿元，50%

第二产业增加值 11755.8亿元，41%

图 4 - 1　2022 年辽宁省全年地区产业增加值分布

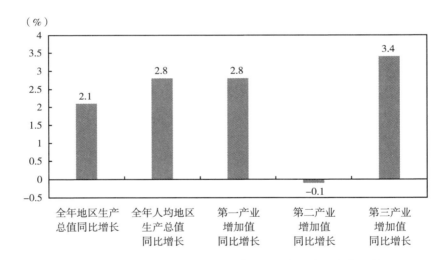

图 4 - 2　2022 年辽宁省全地区生产总值、人均地区生产总值、不同产业增加值同比增长

全年规模以上工业增加值比上年下降 1.5%，其中，高技术制造业增加值增长 16.6%。分经济类型看，全年规模以上国有控股企业增加值比上年下降 1.5%；股份制企业增加值下降 2.6%，外商及港澳台商投资企业增加值增长 1.4%；私营企业增加值下降 4.2%（见图 4 - 3）。

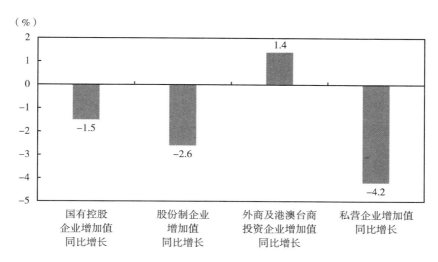

图 4 - 3 2022 年辽宁省规模以上工业不同经济类型企业增加值

全年规模以上工业产品销售率为99.1%。其中,国有控股企业产品销售率为99.8%;股份制企业产品销售率为98.8%,外商及港澳台商投资企业产品销售率为100.0%;私营企业产品销售率为97.8%。全年规模以上工业企业实现出口交货值2848.3亿元,比上年增长14.9%(见图4-4)。

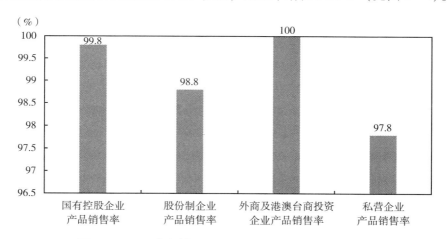

图 4 - 4 2022 年规模以上工业不同经济类型企业销售率

根据《辽宁统计年鉴(2022)》可知,2021年,在辽宁省规模以上工业企业的指标中,国有企业资产总值为1205.6亿元,较上年增加430.4亿元,增长55.5%;国有独资公司资产总值为5718.8亿元,较上年减少

27.5 亿元，下降 0.5%；私营企业资产总值为 10903.7 亿元，较上年增加 1270.5 亿元，增加 13.2%。其中，私营企业资产总值是国有企业的 9 倍多，是国有独资公司的 1.91 倍（见图 4－5）。

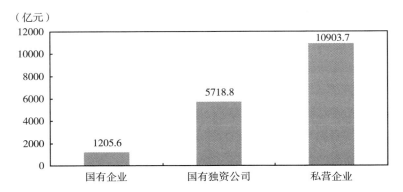

图 4－5　2021 年辽宁省规模以上工业企业不同经济类型企业资产总值

2016～2021 年辽宁省规模以上的工业企业中，私营企业单位数呈现稳中向好态势（见图 4－6）。

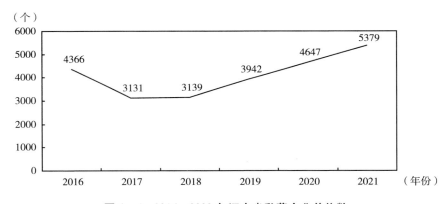

图 4－6　2016～2022 年辽宁省私营企业单位数

根据辽宁省统计局发布的相关数据，2022 年，全省规模以上工业企业实现利润总额 1540.9 亿元，比上年下降 10.2%。2022 年，国有控股企业实现利润总额 432.2 亿元，比上年增长 115.1%；股份制企业实现利润总额 701.1 亿元，下降 12.8%；外商及港澳台商投资企业实现利润总额 857.3 亿元，下降 7.2%；私营企业实现利润总额 227.3 亿元，下降 52.1%。民营经济为全省贡献了大量的经济价值（见图 4－7）。

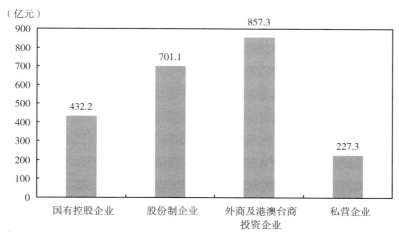

图4-7　2022年辽宁省工业企业不同经济类型企业利润总额

全年固定资产投资（不含农户）比上年增长3.6%。分经济类型看，全年国有控股投资比上年增长24.2%，港澳台商控股投资增长4.6%，外商控股投资增长24.8%，民间投资下降7.6%（见图4-8）。

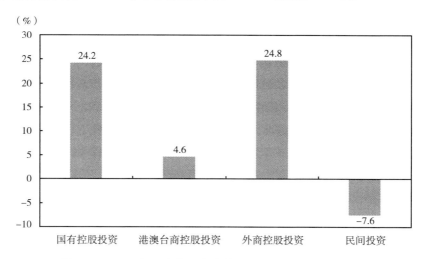

图4-8　2022年辽宁省固定资产不同经济类型投资增加值

全年货物进出口总额7907.3亿元，其中出口额3584.6亿元、进口额4322.8亿元。分经济类型看，全年国有企业进出口总额1417.3亿元，比上年下降13.1%；民营企业进出口总额3565.7亿元，增长13.1%；外商投资企业进出口总额2910.5亿元，下降0.6%（见图4-9）。

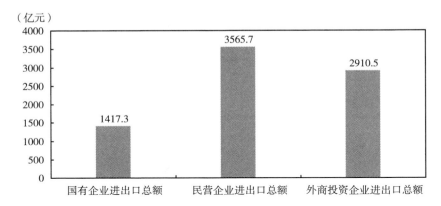

图 4-9　2022 年辽宁省规模以上工业企业不同经济类型企业进出口总额

全年电信业务总量 404.5 亿元，比上年增长 14.5%。年末电话用户 5687.2 万户，其中固定电话用户 586.3 万户、移动电话用户 5100.9 万户。年末固定电话普及率 13.9 部/百人，移动电话普及率 120.6 部/百人。年末 5G 用户 1485.0 万户，占移动电话用户的比重为 29.1%。全年移动互联网接入流量 58.0 亿 GB，比上年增长 7.5%（见图 4-10）。

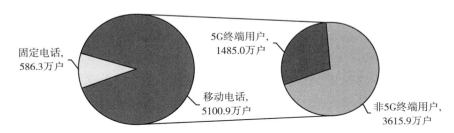

图 4-10　2022 年辽宁省电信用户分布

辽宁省民营企业的数字化转型和数字经济产业化发展总体处于全国中下游水平。以数字政府建设和区块链技术发展为例，在数字政府建设方面，《辽宁省"十四五"数字政府发展规划》数据显示，辽宁省数字政府建设属于追赶型；在区块链技术发展方面，《2022—2023 年中国区块链发展年度报告》显示，截至 2022 年底，我国区块链企业聚集分布明显，北京市、广东省、江苏省地区共有区块链企业 926 家，数量超过全国区块链企业的五成，而在统计的 1715 家区块链企业中，辽宁省的区块链企业仅有 18 家，占比仅为 1.0%。截至 2022 年底，全国共有 52 家区块链产业园区。

从省份分布来看，浙江省区块链产业园区总数最多，共有9家，位列全国区块链产业园区数量首位；广东作为互联网企业相对集中的地区，自2017年开展区块链产业园布局，先后在广州市越秀区、广州市黄埔区成立7个区块链园区，在全国区块链产业园区中排名第二；辽宁拥有一家区块链产业园区，在全国处于中等水平（见图4-11、图4-12）。

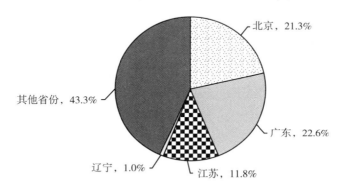

图4-11 2022年全国各地区区块链企业分布比例

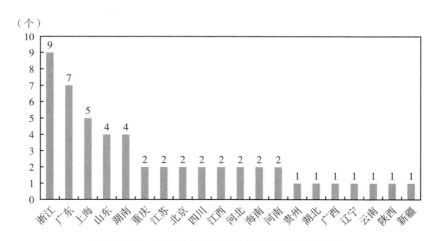

图4-12 2022年全国各省区块链产业园区分布

2021年，辽宁省财政设立30亿元"数字辽宁、智造强省"的专项资金，用来支持企业数字化转型和智能化改造，推动1万户工业企业上云，新建5G基站2.5万个。2022年1月，辽宁上云企业近9万户，规模以上企业数字化研发设计工具普及率和关键工序数控化率分别达到71.2%和54.2%；截至2023年6月，全省关键工序数控化率已经达到60.3%、数字化研发设计工具普及率已达到 78.4%，在 21 项"两化"融合指标中，18 项指标增速超过全国平均增速；全省已建成并开通 5G 基站突破 9 万个，工业互联网标识解析二级节点已上线运营 36 个，数量居全国第三位；接入企业超过 9000 家，居全国第七位，实现了全省覆盖；辽宁省已重点培养省级工业互联网平台 87 个，服务工业企业近 5 万户，连接工业设备近 60 万台。

2019～2021 年，辽宁已完成 109 个智能制造重点项目建设，通过智能化改造，企业生产效率平均提升 21.2 个百分点，运营成本平均降低 15.6%。2021 年 1～11 月，全省高技术制造业增加值同比增长 14%；全省服务器、集成电路、光缆、工业机器人产量分别增长 102.9%、46.3%、18.3%、10.1%；全省规模以上服务业中，软件和信息技术服务业营业收入同比增长 8.5%。

（二）辽宁省数字化、智能化面临的形势

"十四五"时期，国际国内经济发展环境面临深刻变化。全省数字化、智能化发展迎来重要战略机遇期，但也面临严峻的挑战。

从国际看，世界百年未有之大变局与新冠疫情交织叠加，经济增长的不稳定性和不确定性日益明显。在第四次产业革命到来的时代背景下，全球新一轮科技革命和产业变革"蓄势待发"。数字科技加快演进迭代，数字化进入全面渗透、跨界融合、加速创新、引领发展的新阶段，成为重塑全球竞争力的关键力量。继云计算、大数据、物联网、移动互联网、人工智能之后，区块链、量子计算等技术迅速发展并取得突破。释放数字红利，提升全要素生产效率、促进传统产业提质增效和转型升级，这作为增强经济发展的关键引擎和新动能，成为各国应对国际竞争、抢抓战略制高点的重要手段和共同选择。

从国内看，在开启全面建设社会主义现代化国家，向第二个百年奋斗目标迈进之际，立足新发展阶段，数字中国的战略地位进一步提升。大力发展数字经济，发挥国内超大规模市场优势，加速生产、分配、流通、消费各环节融通，成为推动扩大内需，加快形成"双循环"新发展格局的必由之路。以数字技术赋能千行百业提质增效、绿色发展、均衡共享发展，成为助力全社会实现"双碳"目标、在高质量发展中扎实推进共同富裕的

重要途径。当前，数字中国建设从量的增长逐步向质的提升转变，数字经济加速由消费领域向生产领域拓展，信息化建设步入全方位、多层次推进的新阶段，信息技术的跨行业、跨领域融合创新，正在为现代化经济体系构建和政府治理能力、疫情防控能力、信息惠民水平提升装上新"引擎"。5G、人工智能等新型基础设施建设如火如荼，全国一体化大数据中心协同创新体系和数据要素市场加速构建，全国数字化发展进入调整期，各省份间优势资源争夺愈演愈烈，都在纷纷加快数字经济、数字社会、数字政府建设，以数字化转型驱动生产方式、生活方式和治理方式变革。目前，我国已进入高质量发展阶段，处于转变发展方式、优化经济结构、转换增长动力的攻关期，但制造业供给与市场需求适配性不高、产业链供应链稳定面临挑战、资源环境要素约束趋紧等问题凸显。站在新一轮科技革命和产业变革与我国加快高质量发展的历史性交汇点上，促进企业智能化转型，加快建设现代产业体系是大势所趋，也是每个企业必须回答的"必答题"。党中央、国务院高度重视数字经济对实体经济发展的推动作用，作出了一系列重大决策部署：党的二十大报告强调，"建设现代化产业体系"，"坚持把发展经济的着力点放在实体经济上"，"推动制造业高端化、智能化、绿色化发展"；"十四五"规划也明确指出，"迎接数字时代，激活数据要素潜能，推进网络强国建设，加快建设数字经济、数字社会、数字政府，以数字化转型整体驱动生产方式、生活方式和治理方式变革"。

从省内看，新一轮振兴东北老工业基地战略、辽宁沿海经济带高质量发展战略、"一圈一带两区"区域协调发展等战略的深入实施，为数字辽宁建设提供了坚实基础和持久动力。全球工业互联网大会搭建了国际化高端交流合作平台，为全省数字化发展提供了广阔空间。"十四五"时期，是辽宁转变发展方式、优化经济结构、转换增长动力的关键时期，抓住以"碳达峰""碳中和"倒逼经济发展方式根本转变的时代机遇，加快推进数字技术攻坚突破和应用探索，将有力推动经济发展质量变革、效率变革、动力变革，实现创新驱动发展的内涵型增长；抢抓数字技术自主创新能力突破攻坚期、数字产业基础再造与产业链提升"窗口期"、数字赋能产业转型升级扩展期、数字化改革推进关键期的发展机遇，发挥数据资源在服务国内大循环和国内国际双循环中的引领作用，进一步畅通产业、市场和经济社会循环；持续深化数字技术赋能治理体系和治理能力现代化，建设高效协同的数字政府，将加速推动公共服务均等化、普惠化、便捷化，更好地保障和改善民生。

二、辽宁省民营企业数字化、智能化转型存在的问题

（一）缺乏技术与人才支撑

在民营企业向数字化、智能化转型的过程中，技术与人才是两个核心要素。然而，许多辽宁省的民营企业在技术与人才方面存在明显短板。

首先，从技术层面来看，许多民营企业的技术存在一定的滞后性，由于缺乏足够的资金与技术资源，大量的民营企业缺乏前沿的数字化技术，在互联网、大数据、计算机与人工智能等领域快速发展的时代背景下，落后的技术无疑为企业的发展与转型形成了极大的阻碍。虽然行业中仍有一些企业掌握了一定的前沿技术，但其更新的速度缓慢，且应用范围有限，难以克服技术滞后的大环境带来的现实困难。因此，辽宁省民营企业的数字化、智能化转型总体上呈现落后于整体市场的实际趋势。

其次，从人才层面看，辽宁省目前存在显著的人才流失趋势，由于受到薪资待遇与发展空间等因素的制约，辽宁省的高技术、高知识人才流失严重，这也造成了省内相关领域人才支撑不足的局面。由于辽宁省民营企业存在着较大的人才缺口，因此其技术的学习与应用也较为缓慢。并且，许多民营企业对员工的培训不够，许多员工缺乏一定的综合能力，企业发展难以满足向数字化、智能化转型的实际需求。因此，大多数民营企业的技术与人才不能满足市场经济发展的需求，难以实现技术层面的自主创新与突破，进而造成了转型慢、转型难的局面。

（二）数据要素应用不足

数据要素是数字经济与数字化技术深入发展导致的要素领域的一大变革，对民营企业向数字化、智能化转型具有重要意义，能够促进企业的发展与创新。但目前，辽宁省民营企业对数据要素的应用程度较低，还未能

充分挖掘数据要素的实际价值。

数据要素具有传统市场要素所不具备的特性，能够实现扩散效应，有利于信息在企业间的及时传播，从而削弱信息差对民营企业的影响，有利于带动企业与整个行业向数字化、智能化转型。并且，数据要素有利于民营企业挖掘客户的实际需求，进而使企业向市场提供个性化的产品与服务，实现更加精准的市场定位，使企业能够及时随市场的变动而调整，加快民营企业向数字化、智能化转型的步伐。数据处理技术能够帮助企业短时间内解决大量问题，并有利于提高企业效率，为其产业链、供应链中的问题提供针对性的解决方法，从而形成民营企业的市场竞争优势。但由于辽宁省民营企业对数据的应用程度较低，对数据价值的挖掘不够，未能充分跟随市场趋势，造成其转型能力不足的局面，不能很好地满足经济发展的需求，严重限制了企业的发展与进一步转型。

（三）产业数字化程度低

产业数字化程度是民营企业向数字化、智能化转型的重要基础，产业数字化程度越高，企业的转型能力越强。

但目前，辽宁省民营企业的产业数字化程度不高，且企业转型缺乏足够的技术与资源支持，转型驱动力不强，转型存在着一定的阻碍。由于产业数字化程度低，大部分民营企业的生产流程以及运营效率无法满足市场需求，客观上削弱了企业的市场竞争力。并且，由于大部分民营企业的数字化程度不高，其产业链上下游企业缺乏完善的信息共享机制，限制了企业间的协同发展，产业链的效率与效益难以得到有效提升，形成了总体效益较低、转型进展困难的局面。导致辽宁省民营企业长期发展缓慢，无法发挥产业集聚效应，限制了企业向数字化、智能化的发展与转型。

（四）商业模式较为滞后

民营企业在数字化、智能化转型过程中需要创新商业模式，以适应新的市场环境。然而，辽宁省部分民营企业的商业模式创新不足，难以跟上数字化、智能化转型的步伐。

当前，辽宁省大部分民营企业仍然以传统商业模式占主导，聚焦于生产制造，缺乏必要的产品创新、技术创新与服务创新，难以在市场中形成差异化优势。虽然大量民营企业意识到向数字化、智能化转型的重要性，但由于产业数字化程度低，且缺乏足够的数字化人才、技术与资源，因此向数字化与智能化转型仍然存在着较大的困难。并且，由于民营企业在其发展与转型过程中较为注重短期利益，缺乏长期发展规划，对其商业模式的创新转型缺乏足够的投入与支持，使之逐渐与市场脱钩。而企业向数字化、智能化转型离不开商业模式的创新，企业转型后为适应新的市场环境，需要良好的商业模式做支撑，而当前辽宁省民营企业商业模式滞后的现状无疑加大了民营企业创新转型的难度，造成当前大量民营企业发展停滞不前，严重限制了辽宁省民营经济的发展。

三、推动辽宁省民营企业数字化、智能化转型的对策建议

（一）加强技术应用与人才培养

加强技术与人才培养是促进民营企业向数字化、智能化转型的关键，为了解决民营企业在转型过程中遇到的技术"瓶颈"及人才缺失问题，应加强相关技术的应用与相关领域人才的培养。

首先，民营企业应当增加技术研发与投入，积极参与新技术的研发与创新，并积极引入前沿数字化、智能化技术，以提高民营企业的技术水平，充分发挥数字化技术对创新的驱动作用，以更好地满足企业创新转型的要求。

其次，民营企业应当加强人才培养与引入，在企业内部建立一套完善的人才体系，内外部同时培养人才，提高企业内部的技术水平。建立相关的激励制度，对企业内的创新产出给予一定的精神激励与物质激励，塑造鼓励创新的企业精神，不断激发企业员工的创新潜能，以持续实现创新成果的产出与转化。与此同时，辽宁省民营企业应当加强与各类高校的合作，通过相关的联合培养基地，与高校共同开展数字化、智能化技术的学习与研发，为企业不断输入更高层次的技术与人才。并且，通过与高校的

合作，民营企业能够削弱信息差导致的滞后性，实现更高层次的知识共享，有利于企业实现技术创新、组织创新、产品创新与服务创新，从而更好地满足民营企业创新转型的需求。

（二）深化要素应用与价值挖掘

加强对数据要素的应用与挖掘，是促进辽宁省民营企业向数字化、智能化转型的重要手段。

首先，民营企业应当建立一套完善的数据应用机制，明确数据要素在企业发展与创新转型中的具体应用方向。例如，企业可以通过对数据要素与大数据处理技术的应用，深入挖掘不同市场及消费者的实际需求，从而不断完善企业的产品与服务，将企业所提供的传统产品与服务不断转化为数字化、智能化的产品与服务。

其次，民营企业应当将数据转化为有价值的商业信息，从数据及相关分析中探寻市场未来的发展趋势，从而紧跟市场潮流，逐步扩大企业的价值空间。并且，民营企业应当重视数据要素对企业科学决策的重要作用。通过数字化技术对数据要素的挖掘与处理，推动企业由传统决策向数字化与智能化决策过渡。将数据要素的分析与应用贯穿生产运作的全流程，从而不断降低企业的市场运营成本，提高运作效率，逐步提升企业在相关领域中的核心竞争力，为企业的进一步创新转型提供坚实的基础。

（三）加强产业链数字化协作

当前，辽宁省民营企业的产业数字化水平较低，不利于发挥企业间的数字化协同效应，从而对民营企业向数字化、智能化转型形成了一定的制约，为了改善现状，民营企业可以从以下几方面入手，以提升产业数字化水平。

首先，民营企业在加大数字化投入力度的同时，还应当强化企业间的数字化协同，拓宽数字化协作的路径，引入多元化主体以实现更高的协作能力。建设相应的数字化协作发展基地，从而加强行业内联系，发挥学习效应。通过资源整合，不断发挥行业内龙头企业的优势，以带动更多的中小型民营企业向更高层次转化。加强企业间的合作，获得一定的技术溢出效应，提高产业的数字化协作水平，提升产业链的联动能力。

其次，政府应加强政策支持与引导，推动产业数字化集群，实现产业集聚效应。许多中小型民营企业在资金、技术与人才等方面存在一定的缺口，难以支撑其向数字化、智能化转型。政府应当为这类企业提供有效的政策支持，通过税收优惠、政策扶持与系统性引导等方式，解决民营企业的后顾之忧，为民营企业的创新转型提供强有力的政策依托，驱动其向更高水平转化。通过行业内的资源整合，推动产业数字化集群，实现信息技术等资源在产业内的快速流动，弱化信息差对民营企业的负面效应，以加强数字化技术在民营企业间的流动与扩散，不断提高产业数字化水平与协作能力。

（四）强化商业模式创新

目前，辽宁省民营企业存在商业模式滞后的问题，传统的商业模式研究无法满足数字经济背景下经济发展的需求。民营企业应当打破传统思维模式，积极寻求商业模式的转型与创新之道。

首先，民营企业应当将数字化、智能化技术与商业模式相结合，使之能够更好地契合市场需求，跟随行业发展趋势，持续优化产品与服务的供给，不断扩展企业的业务范围。通过将数字化与智能化技术贯穿商业模式的全流程，以提高商业运作效率，积极响应市场需求，为民营企业向数字化、智能化转型提供模式支撑。

其次，民营企业应当敢于创新，不断打破传统思维定式，从多领域实现突破，在寻求商业模式创新的同时，不断挖掘潜在的商业空间。通过培育企业创新文化，在企业内甚至是产业内形成良好的创新氛围，以带动更多的人员及要素参与到企业创新转型中来，夯实企业创新基础，为民营企业的发展革新提供源源不断的动力，推动辽宁省民营企业向数字化、智能化领域进一步转型。

民营经济参与辽宁省乡村振兴建设分析报告

▶ 王志刚

　　"强国必先强农，农强才能国强。"《中共中央 国务院关于做好 2023 年全面推进乡村振兴重点工作的意见》明确指出，要深入推进"万企兴万村"行动，鼓励并引导工商资本参与乡村振兴，充分发挥财政资金的引导作用，撬动社会资本更多投向乡村振兴。民间投资作为民营经济的重要组成部分，也是民营经济高质量发展的重要支撑。要激发民间资本投资活力，鼓励和吸引更多民间资本参与国家重大工程、重点产业链、供应链项目和乡村振兴建设，为构建新发展格局和推动高质量发展作出贡献。2023年 7 月，《中共中央 国务院关于促进民营经济发展壮大的意见》明确提出，民营经济是推进中国式现代化的生力军，是高质量发展的重要基础，民营经济自出现以来，就一直参与农业农村发展，无论是农业民间投资增速，还是农业民间投资占全部民间投资比重都在不断上升。

　　乡村振兴战略的实施，为民营经济参与农业农村建设提供了更有利的政策环境和更广阔的发展空间。与此同时，民营经济的进入也将为乡村振兴战略提供更充裕的资金、技术和管理经验等支持，为实现产业兴旺、生态宜居、乡风文明、治理有效、生活富裕的乡村振兴总要求奠定了坚实的基础。辽宁省民营经济参与乡村振兴建设不仅关系民营经济自身的发展，也关系农业活动的生产、农民生活质量提高以及农村经济社会发展，更关系乡村振兴的可持续性发展，具有重大的现实意义。

一、民营经济参与辽宁省乡村振兴的现状分析

辽宁省作为中国东北的重要省份，其乡村振兴中民营经济的发展状况备受关注。近年来，辽宁省的民营经济规模在不断壮大，为乡村振兴注入了新的活力。首先，从规模上看，辽宁省的民营企业呈现逐年增加的趋势。这些企业涵盖多个行业，包括制造业、服务业、信息技术等领域，形成了较为完整的产业布局。据辽宁省统计局统计，2023 年 1~11 月辽宁省的民营企业增加值增长了 5.8%，该数据显示辽宁省的民营企业在 2023 年里取得了良好的发展。民间固定资产投资是投资增长的生力军，也是经济活力的"晴雨表"。2023 年，辽宁省民间固定资产投资剔除房地产因素后，同比增长 4.8%。其次，从结构来看，辽宁省民营经济主要集中在房地产业、制造业和基础设施领域，合计占比 84.8%；制造业占民间投资的31.2%，占比最大，比上年同期增长 10.7 个百分点，上拉民间投资增速2.65 个百分点。另外，随着市场经济的不断发展，辽宁省的农村地区涌现出一大批创业者和小微企业，这些企业带动当地经济发展的同时，也为农民提供了更多的就业机会。与此同时，一些传统的农村企业也在市场需求的推动下进行了技术升级和产业升级，进一步提高了农村经济的整体发展水平。

（一）辽宁省促进民营企业参与乡村振兴的政策支持

民营经济是辽宁省经济发展的活力，民营企业作为推动经济转型和高质量发展的重要支撑，是助力乡村振兴建设的资本力量。近年来，辽宁省推动民营经济不断发展，民营经济从小到大、从弱到强，其贡献了 45% 以上的地区生产总值、40% 左右的第二产业增加值、55% 左右的第三产业增加值、近 30% 的税收收入、61.1% 的固定资产投资和 63.7% 的城镇就业。近几年，辽宁省政府作为具体实施和落实这一国家战略的重要主体之一，制定了一系列支持企业参与乡村振兴战略规划的政策（见表 5-1），积极推动乡村振兴工作的开展。

表5-1   2018~2024年辽宁省推动乡村振兴和促进民营企业发展措施

时间	政策（会议）名称	主要内容
2018年11月	《辽宁省乡村振兴战略规划（2018—2022年)》	辽宁重点推进七项工作任务：一是推进产业振兴；二是建设宜居乡村；三是构塑乡风文明；四是强化乡村治理；五是着力改善民生；六是深化农村改革；七是强化振兴保障
2019年3月	《中共辽宁省委省政府关于贯彻〈中共中央 国务院关于坚持农业农村优先发展做好"三农"工作的若干意见〉的实施意见》	以实施乡村振兴战略为总抓手，把特色产业扶贫、生态扶贫、金融扶贫、社会帮扶、干部人才等政策措施上向深度贫困地区倾斜。补齐农村基础设施和公共服务短板方面，提出实施村庄基础设施建设工程；辽宁将推动农业供给侧结构性改革，突出农村改革的牵动作用，完善乡村治理机制，促进农业农村发展，全方位为乡村振兴提供保障
2020年1月	《辽宁省人民政府关于促进乡村产业振兴的实施意见》	紧扣本省特色资源优势，围绕乡村产业夯基础、优结构、聚要素、延链条，深入推进农村一二三产业融合发展，加快实现本省乡村产业振兴和产业兴旺。力争到2025年，全省乡村产业振兴取得重要进展，乡村产业发展基础更扎实、特色更鲜明、体系更健全，农村第二产业、第三产业带动第一产业发展能力明显增强，乡村产业振兴成果更加惠及广大农民
2021年3月	《中共辽宁省委省政府关于贯彻落实〈中共中央 国务院关于实施乡村振兴战略的意见〉的实施意见》	围绕"三农"工作重心的转移，牢牢掌握粮食安全主动权，实现巩固拓展脱贫攻坚成果同乡村振兴有效衔接，脱贫摘帽后设立5年过渡期，保持现有主要帮扶政策总体稳定。健全防止返贫动态监测和帮扶机制，加大产业帮扶力度，原15个省级扶贫开发重点县确定为乡村振兴重点帮扶县，重点建设一批区域性重大基础设施工程，支持农业产业可持续发展，全力实施乡村建设行动，加快产业融合发展
2021年10月	《辽宁省关于开展"万企兴万村"行动的实施方案》	强调要做到"六个坚持"，注重由"帮"到"兴"。省工商联动员14个地级市和17个省级乡村振兴重点县"万企兴万村"行动的开展，以产业对接、共赢发展为目的，加强指导、凝聚合力、积极探索，对参与"万企兴万村"行动民营企业政策上给支持、舆论上广宣传，激发民营企业参与热情，实施"补链、延链、强链"工程，持续扩大生产规模，为符合条件的民营企业提供优先优惠贷款支持

续表

时间	政策（会议）名称	主要内容
2022 年 8 月	《辽宁省支持乡村振兴重点帮扶县实施方案》	提出加大财政支持力度、加大金融帮扶支持力度、加大土地政策支持力度、加大干部人才支持力度、加大项目支持力度、加大生态帮扶支持力度、加大社会帮扶支持力度、加强产业帮扶、加强就业帮扶、加强基础设施建设、加强公共服务保障等 14 个措施，优先支持省级乡村振兴重点县发展
2023 年 2 月	《辽宁全面振兴新突破三年行动方案（2023—2025 年）》	全面振兴新突破中打造民营经济发展新高地，促进民营企业竞相发展，培育壮大市场主体，选派万名领导干部扎实开展助企兴企活动，引导金融机构、高校和科研院所等单位在融资和人才智力等方面加大力度支持民营企业发展，开展全省营商环境监督行动
2023 年 10 月	《加快辽宁省农业现代化发展步伐的建议》	推进乡村产业高质量发展，推动本省优势特色农业产业发展，拉长农业产业链、提升价值链、完善利益链，积极推动一二三产业深度融合发展。加快推动休闲农业发展，推进农产品品牌建设
2023 年 12 月	《辽宁市场监督管理局促进民营经济发展的若干措施》	持续优化民营经济发展环境，强化民营经济发展法治保障，推动民营经济高质量发展
2024 年 1 月	《辽宁省乡村振兴责任制实施细则》	以责任落实推动政策落实、工作落实，确保全面推进乡村振兴重点任务落到实处，紧密结合履行维护国家"五大安全"重要使命和打造辽宁"一圈一带两区"区域发展格局、现代化大农业发展先行地，构建职责清晰、各负其责、合力推进的乡村振兴责任体系，全面推进乡村振兴，加快农业农村现代化，建设农业强省

（二）辽宁省民营经济在乡村振兴建设中投资和参与情况

2021 年 7 月，全国工商联与农业农村部、国家乡村振兴局、中国光彩会、中国农业发展银行、中国农业银行共同召开全国"万企兴万村"行动启动大会。全国工商联大力推进"万企兴万村"行动，把民营企业这支生力军更多地动员到乡村振兴主战场。习近平总书记高度肯定"万企兴万村"行动，称之为"壮举"，强调"万企帮万村、万企兴万村，从扶贫到振兴，城乡一体化、工农一体化，民营企业在这方面的潜力是巨大的"[①]。按照全国

---

① 《放下包袱，大胆发展》，载于《人民日报》2023 年 3 月 7 日。

"万企兴万村"行动工作要求，辽宁省"万企兴万村"行动围绕巩固拓展脱贫攻坚成果，接续推动乡村全面振兴，各项工作稳步开展、有序推进，取得良好开局。截至 2022 年 9 月底，辽宁参与"万企兴万村"行动民营企业 1660 家，结对村 1789 个，帮扶"兴村"项目 2766 个，投资总额 46.09 亿元。金融机构为参与"万企兴万村"行动企业累计发放贷款 17.15 亿元。

（三）民营企业参与辽宁省乡村振兴建设形式多样化

民营企业参与辽宁省乡村振兴的方式多种多样。一方面，民营企业在当地政府的引导和支持下有序进入，按照政府的规定有效配置资源，较好地利用了民企资金、技术、人才、经营渠道和管理经验的资源优势。例如，民营企业积极参与"万企兴万村"行动，助力乡村振兴。另一方面，民营企业以合资经营、入股、分红等多种形式与乡村合作，参与当地项目建设，企业提供产销及技术等支持，充分利用本地自然资源、人力资源和社会资本资源帮助乡村更好、更快地进行建设，推动其特色产业的发展。再一方面，农业产业经营利益联结机制多样化。目前，辽宁省已形成多种联农带农利益联结模式，主要包括"龙头企业＋农民合作社＋农户""互联网＋认养农业""互联网＋订单农业""产业＋休闲旅游＋农民工""公司＋基地＋农民"等多种模式，带动了大量农户实现增收。农业产业化经营利益联结机制的建立和发展，在全面打赢脱贫攻坚中发挥了关键作用，产业扶贫成为带动农户致富的主要途径。

（四）辽宁省数字科技赋能乡村振兴发展迅速

2023 年 6 月，五部门联合印发的《关于金融支持全面推进乡村振兴，加快建设农业强国的指导意见》指出，加强与电商企业合作，支持"数商兴农"和"互联网＋"农产品出村进城工程建设，助力发展电商直采、定制生产等新产业新业态。

辽宁省高度重视数字科技赋能农业农村发展，重点依托省级智慧农业云平台和省级农业农村大数据平台，构建了集监测、预警、会商、调度于一体的全国一流高标准智慧农业决策智慧中心。黑山县、铁岭县、阜蒙县等 7 个国家数字农业创新应用基地获准筹建，集规范化、数字化、信息化于一体的数字农业科技创新体系逐步形成。坚持以试点示范为引领，积极探索数字乡村发展新模式，重点依托"快手""抖音"等短视频平台进行农业科技线上直播和销售；统筹推进辽中区、凌源市等 4 个国家数字乡村试点，彰武县、桓仁县、北镇市等 5 个"互联网＋"农产品出村进城工程试点县及 10 个省级数字乡村试点；建设锦州滨海电子商务产业基地、禾丰食品股份有限公司等 4 个全国农业农村信息化示范基地，全面加强数字科技在乡村振兴的应用和示范，以数字科技推动乡村全面振兴。

二、辽宁省民营企业参与乡村振兴建设的角色与机遇

在辽宁省乡村振兴的背景下，民营经济发挥着日益重要的作用，同时也面临众多机遇和挑战。

（一）民营经济在辽宁省乡村振兴中的角色和作用

民营经济在辽宁省的农村经济中扮演着重要的角色并发挥着重要的作用。首先，民营经济在资源配置上更加灵活，能够更好地满足农村经济的多样性和复杂性。引进先进的农业技术和管理经验，促进农村经济的现代化升级。投资于农业科技、生态农业和绿色食品生产的企业逐渐增多，为农业的可持续发展提供了新的动力。其次，民营经济形成的市场机制能够激发乡村内生动力，促使农业生产更加市场化、现代化。一些大型民营企业在农村进行基础设施建设，如建设农村道路、水利工程等，不仅提高了农村的基础设施水平，同时也为企业提供了更加便利的运输和物流条件。这种投资不仅改善了农村的生产环境，还为当地农产品的销售创造了更好的条件。再次，大量的就业机会缓解了农村的就业压力，吸引了一批年轻人回流农村或留在农村创业。这不仅提高了农民的收入水平，也促进了农村社会的稳定发展。最后，在人才培养和农业创新方面，民营企业引进了现代企业管理理念，提高了农村产业的信息化、现代化水平。总之，民营企业凭借其资本的优势，在农业基础设施、农产品加工、乡村旅游和农业科技创新等领域投入资金，在投资决策上更加注重效益，有助于提高农民

收入水平，对接乡村振兴战略，推动乡村经济的可持续发展。

（二）民营经济参与辽宁省乡村振兴的潜在机遇

辽宁乡村振兴战略实施为民营经济提供了巨大机遇。首先，国家对乡村振兴的支持政策，为民营经济的发展提供了优惠政策环境和市场机会。如土地流转政策、农业扶持政策等，民营企业可利用这些政策优势，深入参与农业产业链的各个环节，推动农业产业现代化发展。其次，消费升级和农产品多样化需求也为民营经济的发展提供了新的市场空间。随着居民生活水平的提高，其对于绿色、有机、品牌农产品的需求也在逐渐增长。民营企业可以凭借其灵活的运营机制和市场化决策，迅速响应市场变化，创新农产品，满足市场需求。再次，互联网与乡村经济的深度融合，尤其是电商进村入户，也开辟了民营经济参与乡村振兴的新路径。民营企业可以利用电商平台，拓宽农产品的销售渠道，增加农民收入，促进乡村经济发展。最后，民营企业参与乡村振兴，带动了当地农村经济的多元化发展。从最初的农业生产向多元化的产业转型，包括乡村旅游、文化创意产业等，使得农村经济更加复合化、富有活力。同时，一些民企通过社会责任项目，如扶贫、捐赠等，积极回馈当地社区，以提升企业的社会形象。

三、辽宁省民营企业参与乡村振兴建设存在的问题

机遇与挑战并存。根据目前相关资料，辽宁民营经济参与乡村振兴过程中遇到的问题和挑战，主要有以下几个方面。

（一）民营经济总体实力偏弱，缺乏行业大型龙头企业

辽宁省民营经济发展速度明显加快，规模不断扩大。但在整体规模和实力上，辽宁与发达省份相比，依然存在较大差距。《2022 年中国民营企业 500 强榜单》显示，辽宁省总计上榜的民营企业只有 3 家（见表 5－2），榜单排名前 4 的省份全部都在东部地区，分别为浙江省 107 家、江苏省 92 家、广东省 51 家和山东省 50 家。

表 5 - 2   **2022 年中国民营企业 500 强中的辽宁省企业情况**

排名	企业名称	从事行业	营业收入（亿元）
42	中升（大连）集团有限公司	零售业	1798.57
150	禾丰食品股份有限公司	农副食品加工业	691.13
265	辽宁嘉晨控股集团有限公司	黑色金属冶炼和压延加工业	456.21

资料来源：根据全国工商联数据整理所得。

从 2022 年中国民营企业 500 强中的农业类企业来看，进入榜单的民营企业有 17 家，涵盖食品加工、饲料、养殖等领域，新希望集团荣登榜首，大部分农牧企业排名与上年相比有所上升。17 家企业集中在 11 个省份，其中，四川省和山东省民营企业各 3 家，江西省和河北省各 2 家，约占全部进入 500 强农业企业数的六成（占比 58.82%），其余省份各 1 家。辽宁省上榜仅为禾丰食品股份有限公司，年营业收入 691.13 亿元（见表 5 - 3）。由此可见，辽宁省民营企业整体实力不强，缺乏行业龙头企业。

表 5 - 3   **2022 年中国民营企业 500 强中农业类企业情况**

排名	企业名称	省域属地	营业收入（亿元）
20	新希望控股集团有限公司	四川省	2786.64
28	通威集团有限公司	四川省	2148.82
35	东方希望集团有限公司	上海市	1964.27
87	广东海大集团股份有限公司	广东省	1047.15
108	双胞胎集团股份有限公司	江西省	846.37
109	温氏食品集团股份有限公司	江西省	837.25
117	蓝润集团有限公司	四川省	808.21
150	禾丰食品股份有限公司	辽宁省	691.13
159	三河汇福粮油集团有限公司	河北省	667.19
169	河南双汇投资发展股份有限公司	河南省	627.31
204	五得利面粉集团有限公司	河北省	536.89
224	山东渤海实业集团有限公司	山东省	518.54
233	西王集团有限公司	山东省	506.38
349	香驰控股有限公司	山东省	350.45
391	福建圣农控股集团有限公司	福建省	324.24
392	北京大北农科技集团股份有限公司	北京市	323.62
432	唐人神集团股份有限公司	湖南省	308.52

资料来源：根据全国工商联数据整理所得。

从地区来看，参与乡村振兴建设的 500 强企业分布于 28 个省份，较上年增加 2 个，其中，浙江省、江苏省仍然是参与企业数量较多的省份，分别为 74 家、59 家，山东省升至第三名，为 40 家，辽宁省仅 1 家，前三位省份的企业合计 173 家，较上年增加 10 家，占参与乡村振兴 500 强企业的 48.32%，较上年增加 1.48 个百分点。

（二）辽宁营商环境有待进一步优化

营商环境对涉农民营企业的投资和发展具有至关重要的作用，中国城市营商环境评价结果显示，2023 年全国营商环境指数排名中，辽宁省下辖城市营商环境指数整体表现不佳，只有 4 个城市排名进入前 150 名。其中，两个副省级城市沈阳和大连，分别位于第 130 位和第 138 位，排名前两位的为本溪市和营口市，分别位于第 86 位和第 119 位，其他各地级市都在 200 名之后，这表明辽宁省城市营商环境整体处于较低层次，相对于东部沿海地区，仍有一定的差距。近年来，辽宁省民营经济发展缓慢，有效投资需求不足，因此吸引和留住人才不易，民间投资意愿不强，主要原因在政府服务方面。一是政商关系需进一步协调改进。还存在"新官不理旧账"的现象，这不仅损害了投资者和民营企业家的信心，也对政府形象造成一定的负面影响。二是政策落实中存在一些问题。究其原因，更多的情况则是政策制定本身不够精准，缺乏充分的调查研究，制度设计和实际操作存在"两层皮"现象，导致政策无法落实。三是有些政府部门虽有为企业服务的意识，但大都流于形式，怎样提高效能还需进一步研究。

（三）农村信用环境不佳，导致农业金融信贷供给不足

近年来，金融机构受风险管控和责任追究以及贷款投向调整等影响，辽宁省除了农商银行和农业银行外，其他商业性银行因为农村信用环境不佳，都不愿意或很少向农业企业或农户贷款，农业经营主体的"融资难、融资贵"矛盾突出。受土地、资产等抵押物限制，加上金融机构对农业和农村贷款的保守态度，民营企业常常难以获取足够的贷款支持。例如，大连市选派的 1024 名驻村第一书记填报的大连市农业农村基础调查情况问卷

显示，大连市 25 家银行机构中，开展农户贷款业务的有 7 家，占比 28%，其只能满足 30% 的资金需求，涉农贷款额占大连市贷款余额的 24.5%。在大连市的银行机构中，"三农"贷款利率一般为基准利率上浮 50% 左右，远高于工业贷款利率 30% 的上浮率，融资成本较高。此外，金融下乡和服务的覆盖率不高，信贷供给明显不足。

（四）涉农民营企业影响力较低，农业品牌竞争力不强

近年来，辽宁省实施了农业品牌战略，开展品牌农产品评选和"特产之乡"评选认定，制定了较完善的认定管理办法、申报、评审和考核制度。创建了一批有影响力的品牌农产品，涉及粮油、杂粮、水果、蔬菜、畜产品、水产品和加工业产品。2023 年 4 月，辽宁省首批农产品区域公用品牌目录，如盘锦大米、北镇葡萄、东港草莓、大连大樱桃、鞍山南果梨等 32 个产品上榜。同时也要清醒认识到，虽然这些农产品品牌取得了良好的经济效益和社会效益，但这些具有地域特点的农产品品牌具有"小、散、弱"等特点，叫得响的自主品牌很少，缺乏品牌效应，品牌多精品少，品牌运作水平较低，权威性不高，而涉农民营企业大多数发展相对滞后，企业规模小，缺乏有实力、带动力强和科技含量高的品牌企业。

（五）民营企业地位不公平对待，会削弱民间和社会资本的投入

市场经济的巨大活力就是公平竞争，然而辽宁市场经济发展到现在，仍然存在一些不透明和不平等现象。一是行政审批、市场准入方面的问题。政府虽然出台了不能歧视民营企业的政策制度，但实践中，政策落实不到位时仍有发生，还存在诸如"玻璃门""旋转门""弹簧门"等隐形壁垒，再加上缺乏相关法律保障，使得规则不能得以落实和执行。二是公开招标和资质审批等方面的问题。民营企业显然无法与国有企业、外资企业进行竞争，造成企业家信心不足，直接影响民企投资的积极性，制约了乡村振兴战略的发展。三是涉农企业难以取得建设用地。现有土地政策缺乏农产品加工用地的制度性安排，导致涉农企业用地一直处于紧张状态，

直接申请建设用地难。此外，难以获得稳定租期，给生产型农业企业发展亦带来困难，民企一般需要较长的土地租用期限，农户出于对民企逐利性较强的不信任，更期望进行短期流转，以期获得土地租金上涨的收益或是更高的征用补偿，本地政府出于对农户利益的保护，也缩短了土地流转期限，这将会与民企期望稳定租期产生较大矛盾，影响了民企投资信心、经营稳定性和长期投资的积极性，不利于乡村振兴。

（六）民营企业面临农村劳动力不足，专业人才短缺

乡村劳动力短缺，技术技能人才尤为匮乏，产业发展后劲不足。一方面，农村老龄化和"空心化"现象突出。青壮年劳动人口外流严重，留守的多是不能外出务工的妇女、儿童和老人。而民营企业用工量增加，农村剩余劳动力供给不足，新一代青年更想"跳出农门"，不愿在本地企业就业。另一方面，目前，民营企业的管理方式普遍具有传统家族企业特征，缺乏相关专业知识，管理水平和管理方式有待创新和提高，经营只注重短期效益，缺乏长远谋划，只愿意投资回报较快的城市项目，对投资回报周期较长的农村项目关注度不高。与此同时，农村地区涉农企业规模较小，工作环境对人才吸引力较弱，难以吸引高素质技能人才，农村地区急需加强农民技能培训，提升农民劳动和综合素质，为乡村振兴可持续发展储备高质量人才。农村劳动力和科技人才的短缺已成为参与乡村振兴部分民营企业面临的严峻问题。

四、民营企业参与辽宁省乡村振兴建设的主要模式

在辽宁省的乡村振兴建设中，有一些典型的民营企业案例，展现了它们在不同领域的利益联结模式和取得的成就。

（一）"龙头企业＋农民合作社＋农户"利益发展模式

农产品生产、储藏、加工、运销等农事龙头企业以农民合作社为中

介，与农户通过合同契约、反租倒包、出资参股等方式相结合，形成利益共同体模式。采取这种模式的一个重要目的是组织农户按区域、成规模地进行绿色农产品生产，与农产品加工营销龙头企业对接，形成产供销一体化利益联结机制。这种运行机制具有民主性、灵活性和服务性，很容易被农户接纳，而且也符合农户的愿望，是市场经济条件下农户与龙头企业共同的理性选择。

民营企业在丹东乡村产业振兴中主要的投资领域包括蓝莓、草莓等作物的种植业和加工。丹东的地理位置和气候条件对这些作物的种植十分有利，因此使得丹东成为全国草莓种植的佼佼者。2016~2022年，东港市新增设施内草莓种植面积32000亩，50亩以上的集中连片设施小区达195个。2019年，丹东争取到了国家级现代农业产业园的项目；2022年，"东港草莓"纳入首批国家农业品牌精品培育计划。2023年，丹东市的GDP为945.2亿元，经济增速位列辽宁第一，根据辽宁省2023年企业品牌价值评价结果，东港草莓品牌价值达371.51亿元，全产业链产值近百亿元，拥有约3.4万个草莓大棚，种植占地面积达20.1万亩，年产鲜果30多万吨，鲜果产值达63.2亿元。东港全市草莓从业人数近10万户。农民人均草莓收入11538元，占总收入的60%以上，东港草莓连续多年被评为全国最具影响力和最受消费者欢迎的农产品区域公用品牌。

民营企业的参与极大地推动了丹东地区草莓产业的发展，形成了规模化种植，增加了地区收入，提升了农产品品质和市场竞争力。例如，东港春晖食品有限公司通过草莓种植专业合作社与农户结成利益共同体，其中，东港市圣野浆果专业合作社为国家农业合作社示范社，经过十几年的发展，合作社成员从刚成立的6户增加到如今的157户，果品种植面积达1.2万亩，年销售额突破1亿元，成员户均年收入超20万元，还带动周边十多个镇3万多户农民从事草莓种植，建立草莓生产基地，打造知名无公害草莓品牌，有效带动了当地农民增收。

这种模式在多年的发展中也暴露出一些问题。一是龙头企业与农户长期合作机制不稳，双方在交易过程中缺乏足够的社会资本和市场信任，对契约要求过于细致、复杂，导致达成和履行这种契约的成本偏高。二是龙头企业与农户履行合约的激励约束机制不够健全，违约成本较低。三是农户受自身条件及环境限制，没有销售渠道，也难以及时、准确掌握市场供求和价格信息，容易与民营企业产生"信息不对称"问题。

（二）"互联网+认养农业"创新发展模式

认养农业是一种共享经济，亦是一种消费者订制模式、预算农业模式，为消费者提供农产品定制，为农户提供预售服务。该模式的特点是农户和认养公司合作，对农民种植的绿色有机农产品进行检测，并在网上提供农业生产信息收集、农业生产环节等存储服务。认养者可自由选择土地、种植品种和数量后提交订单，农户和认养公司提供生产管理服务，可以通过网络视频实时监测农产品土壤墒情、温度气候、种植标准等多项指标。消费者不仅可以随时在监测云平台查看信息，吃到自己的绿色有机农产品，还能体验农业种植乐趣、体验农村生活，认养者具有农产品获得权，供应者获取相应的服务收入，可实现以销定产，不但能提前解决前期流动资金不足的问题，还能有效避免农产品滞销。

辽宁省盘锦市率先开创了"互联网+认养农业"的耕种新模式，随后成立的民营企业助推了"认养农业"的发展。盘锦市以"蟹田大米"为主打产品，消费者认养稻田后，不仅可以通过互联网技术监控稻田和河蟹的生产，还可以亲自体验俯首劳作农业生产或带家人享受田园乡村生活乐趣。最后，企业负责按照消费者要求生产加工优质绿色稻米，并定期寄送给消费者，消费者还可以把多余的稻米等农产品通过红包转账的方式分发给亲朋好友。

以盘锦民营企业认臻生态有限公司为例，公司在大洼区田家镇承包了1333.3公顷水稻，按照该模式，与省内外稻米消费者签订认养合同。认养者预付认养资金，认养公司与物流公司形成互联网合作机制，采用先进农产品恒温仓储运输手段，最大限度对稻米保鲜，为认养者提供专属包装，并可以把优质绿色稻米快递到家服务。农忙时节，当地农民到"认养托管"的土地上打工，作为生产者，从农户向农工转变，获得务工工资性收入，同时农户还是投资人，通过流转土地获得租金，实现两份非农收入，这让农户大受裨益。目前，认养一亩水稻上涨到5500元，农民每亩至少增收1000元，这种模式解决了粮食生产者与消费者的诸多问题和"痛点"，给农业生产和经营带来革命性的变化。

这种模式存在的问题主要有以下几个：一是认养农业的认知度较低，消费者认可度不够，再加上认养农业是一种提供高质量服务的农业，因此认养农业的基础设施建设费用昂贵，这会造成服务费用较高，其价格远高于市场中的粮食和果蔬产品。二是供给者有后顾之忧。消费者的订单大多是短期的，较长的也就两三年。但农民的基础设施投入是一次性的，折旧时间往往长于订单时间，一旦订单周期到期后不续订，后期市场就无法保障，造成农户投资力度不大等问题，致使认养农业难以实现长期盈利。三是认养农业基本位于城市郊区和经济欠发达的农村，基础设施建设不配套的问题亟待解决。

（三）"互联网＋订单农业"稳定型合作模式

订单农业是农产品特定消费群体与农产品特定生产单位，如农户、其所在的专业合作社或乡村组织等之间先行签订订单，然后组织安排农产品生产的一种农业产销模式。先找市场，再抓生产，产销挂钩，产供销一体化成为订单农业的主要特征。订单农业可对农产品的原产地进行追溯，以保障农产品质量，促使生产和管理的标准化、精细化和规范化。"互联网＋订单农业"模式不仅可以满足消费者个性化、多样化追求，而且能够有效消除农户"产出来卖不掉"的后顾之忧，获得收入保障，还能解决食品安全、价格波动、增产不增收等一系列问题。

湧鑫牧业在沈阳法库县已成为核心育种场、标准化肥育场，以法库县路家房申养殖场为科技示范基地，企业或合作社采取"龙头企业＋养殖基地＋养殖户"订单养殖经营模式的辽育白牛全产业链，通过订单养殖经营模式带动全县 4000～5000 户农户参与辽育白牛的养殖，企业与养殖户签订肉牛养殖回收协议，在协议签订时，企业就给养殖户 1000 元定金，母牛所生产的小牛，企业按市场价予以回收。当地政府为养殖户购买肥牛养殖保险，养殖户只需要投入 135 元保险，如果在养殖过程中出现白牛死亡，保险公司会按每头 7000 元予以赔偿，每头牛养殖到六七个月时就可以卖到 11000 元左右，纯收入 6000 元左右。

鞍山九牧河食品有限责任公司与消费者签订肉鸡养殖和收购订单，公司负责提供技术服务，农民获得劳务收入，年底根据商品交易量和盈利情

...

况对农户进行二次返利，以实现利益共享。经过十几年的发展，公司已形成肉鸡全产业链生产，车间共有两条生产线，目前每天能加工 24 万只肉鸡，年加工肉鸡能力约 7200 万只，为东北地区最大的肉食鸡屠宰加工企业。得天独厚的资源、区位优势以及良好的营商环境，通过连续多年追加投资，目前，总投资 2.04 亿元，占地面积 5.67 万平方米的熟食制品项目正式投产，年可生产加工 3 万吨调理品和 1 万吨熟食制品，产品主要出口日本、韩国，预计年可实现销售收入 6 亿元，上缴税金 2500 万元，安置就业 1000 人。

目前，这种模式存在以下问题。一是订单不规范，导致违约情况时有发生。现有农业订单缺乏第三方权威机构认证，有的订单只是口头协议或者企业草拟合同，条款较有利于企业，但对农民较为不利，承担风险较大，市场发生较大变化或自然灾害等情况，导致双方违约率较高。二是订单合同关系不稳定，约束力不强。部分订单农业，需要在满足一定条件的基础上才能履约，当市场高于合同价格时，部分农户会把订单产品直接卖给市场，导致企业利益受损；而当市场低于合同价格时，部分企业会不按照订单收货，有损农户利益，缺乏第三方的监督和约束。三是市场预期判定不准。企业和农户双方难以准确把握市场信息，导致信息滞后、失效，影响订单农业的发展。四是农产品的质量标准缺乏统一规范。当企业认为农户没有按照订单标准来进行农产品质量管理时，会导致农产品质量不达标而被拒收；当农户认为企业提供的种禽或原料不过关或者没有按照订单要求提供相应的服务时，从而导致产量或农产品质量较差，双方会存在较大争议，这会严重影响订单农业的正常发展。

（四）"产业＋休闲旅游＋农民工"田园综合体模式

休闲旅游田园综合开发模式作为休闲农业、乡村旅游的创新业态，是集现代化农业、休闲旅游、田园社区为一体的特色小镇和乡村综合发展模式，以农民合作社为主要载体，让农民充分参与和受益，集循环农业、创意农业、农事体验于一体，是农业综合开发、农村综合改革的一种新模式和新路径，通过欣赏田园风光、观摩农业活动、品尝绿色食品、展示农业科技等活动，让消费者充分感知和体验农业与田园的乐趣。该模式主要依托田园、特色小镇、科技、资源、人才和市场优势，以休闲、旅游为主题，将农业生产活动与绿色有机农产品结合，以农家乐、观光、休闲和旅游等多种形式构建田园综合体。

截至 2023 年，辽宁省共建有国家级历史文化名镇 4 个、省级历史文化名镇 10 个、省级历史文化名村 19 个，建成省级文化生态保护区 2 个、省级非遗工坊 12 家。命名 2021～2023 年度中国民间文化艺术之乡 7 个、辽宁省民间文化艺术之乡 24 个。全省共创建国家全域旅游示范区 3 个、省级全域旅游示范区 13 个。建成国家级乡村旅游重点村 41 个、国家级乡村旅游重点乡镇 6 个、省级乡村旅游重点村 115 个。

辽宁太克集团东广产业有限公司与阜新黄家沟村共同创建了黄家沟旅游度假区，度假区坚持贯彻"开发和保护相结合"原则，倡导绿色开发、绿色项目、绿色经营和绿色消费，维护和营造好的自然生态环境与社会人文环境，实现经济、社会、生态和文化环境的良性循环。该度假区将自然资源和独特的工业遗产资源相结合，使"三产"融合，推出"春赏花、夏戏水、秋采摘、冬滑雪"的四季旅游产品，打造出集观光、度假、休闲、游乐于一体的东北地区最大的乡村旅游地。通过发展旅游业，黄家沟村现已成为国家 4A 级旅游景区、国家乡村旅游重点村，度假区每年接待游客约 50 万人次，实现旅游收入 8500 万元、利润 1050 万元。安置员工 1000 余人，其中 80% 的是本村适龄安置人员，黄家沟村年人均收入已达到 25900 元，在建设宜居乡村、农民增收、带动就业及推动地方经济发展等方面取得了较大成效。

这种模式的问题主要有以下几个方面：一是缺乏统一规划，建设布局不合理，功能区分布不明显。二是度假村的宣传力度不够，影响面不广，多数地方景点没有宣传到位。三是有些景点没有充分利用农村特有资源和原始风貌，大量模仿其他农业景区建设，造成资源重复和浪费。四是村内基础设施不健全，缺少娱乐健身设施和场所，公用工程和环卫设施建设落后，存在垃圾随意丢弃现象，影响景区形象和生态环境。

（五）"公司＋基地＋农民"股份合作经营模式

农户以土地、劳动力、技术等资源入股企业，成为企业股份的拥有者，参与企业股息和红利的分配，形成资金共筹、自主经营、利益共享、积累共有、风险共担的机制。这种模式与传统合同制相比，经营者与生产者由简单的市场交换关系变成利益和风险统一的利益共同体，农户由农民变成股民，在农产品收益中按照约定的比例分红，将土地等资源变成实际资产，实现入地入股和务工双收入，共享企业发展红利。

丹东宽甸县依托独有的野生中草药资源优势，充分发挥丹东药业和光太药业等中药材龙头带动作用，着力提质升效，不断延长产业链条，采取"公司＋基地＋农户"的订单生产、股份制合作、入股分红等模式，为种植户提供种苗、技术服务以及签约回收产品，建立并发展辽细辛、辽五味子、关玉竹、人参、刺五加、桔梗、龙胆草等北药种植基地 5 万亩以上，直接带动全县 20 个乡镇、近百个贫困村 5000 多户（其中 1484 户是贫困户）药农种植中药材，户均年收益达 8000 元以上，增加了农户的经济收入，形成地方支柱型特色产业，实现了企业、脱贫村和脱贫户多方共赢。

该模式存在的问题主要有以下几个方面：一是农户对股份制认识不到位，部分农户不敢将闲置资源入股经营，导致土地资源浪费且无法充分利用。二是在当地中药材深加工企业较少，由于缺乏技术支撑，规范化种植技术研究与应用不够深入，产品的附加值较低。三是生产稳定性较差。部分农户从众依赖心理强，盲目引种扩种，加上缺乏有效的信息指导，面对市场突发风险，往往造成产品滞销。四是公司和农户之间利益调节机制不全，联结方式比较松散。公司愿意与农户建立紧密股份合作关系，也需要建立在收益共享、风险共担的基础上，而当前农户与企业共担风险的意愿不强，导致利益联结机制较为松散。

五、民营经济参与辽宁省乡村振兴建设的建议

政府是实施乡村振兴战略的主导者，不仅要出台相关的政策，提供相应的资金支持，还要有基础配套设施和公共服务。农民是直接受益者，他们是最活跃、最积极的经营主体力量，民营企业是乡村振兴建设的参与者，它们是实施乡村振兴战略至关重要的组成部分和推动力量。因此，结合本研究以上分析，提出相应对策建议。

（一）扶持龙头企业，推进产业融合发展

一是产业是乡村振兴的前提，民营企业参与乡村振兴，就要推进农村发展生产，实现农业产业化。优化传统产业，完善产业体系，提升产业价值。二是重点扶持龙头企业，如重点扶持养殖、种植、渔业加工等农业龙头企业，促进农产品基地建设，同时鼓励农民发展大棚蔬菜业、水果、商贸、旅游休闲等特色农业，实现乡村增产增收。三是建设农村产业园区。与当地政府合作，建设农村产业园区，为企业提供更好的生产环境和经营环境。园区可以集聚产业链上下游企业，形成产业集群，将三次产业融合，不断延伸农业产业链，提升产业的集聚与发展水平。例如，在农产品深加工方面进行投资，开发乡村旅游，结合本地资源，打造特色文化，促进乡村经济的多元化发展。

（二）政府政策扶持，优化企业参与乡村振兴的营商环境

良好的发展环境是吸引民营企业投资的前提条件，也是乡村振兴发展的必要条件。一是政府应出台并实施一系列扶持政策，包括税收减免、财政补贴、政府采购、信贷支持等市场环境，以降低民营企业投资乡村振兴的成本和风险。二是营造良好的乡村振兴法治环境。对有意破坏营商环境、强揽工程、恶意阻挠等影响重点项目建设的行为，应予以严厉打击。三是要健全精准政务服务环境，健全政府和企业长效沟通机制，采取多种方式为企业提供技术支持、创业培训、投融资和市场开拓等多元化服务，出台面向企业的乡村振兴政策配套服务指南。特别是对于技术创新、模式创新、管理创新的企业，应给予更多政策的激励和扶持，以此来促进他们在农产品深加工、特色农业开发、乡村旅游等领域的发展。

（三）完善农村金融服务体系，鼓励创新金融产品

一是加大金融资源向乡村振兴领域和薄弱环节倾斜力度，鼓励金融产

品和服务创新，探索由政府牵头、企业参与、涉农专业贷款机构担保，缓解部分涉农企业"融资难"的问题。二是完善金融机构评估指标体系，增加涉农企业贷款考核权重，督促金融机构落实贷款差异化考核机制，降低利润指标考核权重，提高对涉农贷款的不良容忍度。三是设立贷款贴息专项资金，推出惠农利农金融产品，满足乡村振兴发展资金需求，鼓励提高涉农企业中长期贷款比例。四是设立政府资金引导、金融机构支持、社会资本参与的乡村振兴基金，发挥乡村振兴产业发展、基础设施建设等方面资金的"撬动"和引导作用。

政府需改革和完善农村金融服务体系，为民营企业参与乡村振兴提供良好的金融环境。其中包括鼓励金融机构创新金融产品和服务，降低农户和企业的融资成本，同时也包括增强金融知识普及和风险教育，促进农户和企业理性投资。

（四）发展特色农业，加强农业品牌建设

一是强化农业科技支撑。鼓励有条件的龙头企业建立企业科技研发中心，建立农产品品种研发平台、综合实验站、农业科技示范园及畜牧良种场等，提高农业科技含量和科技成果转化率。二是提升农业装备信息化程度。实施数字农业引领现代农业智慧工程，推进"移动互联网村"和"互联网小镇"建设，实施"互联网＋"惠民工程，逐步搭建农产品生产、供应、物流、销售一体化平台，加强农业物联网建设。三是推进农业结构调整，发展特色效益产业。大力发展具有特色和效益农业生产、农产品加工业和农村服务业，优化种植结构，实现农业可持续发展，建设一批产业链完整的特色产业园、农业合作社示范区，促进产业集聚和融合发展。四是培育乡村产业新业态。加快民企参与建设优质稻米、绿色蔬菜、规模畜禽、休闲农业、直播平台营销、林下经济等产业。发挥农产品在生产、加工、仓储、物流及销售全产业链和价值链中的作用，催生直供直销、联动发展产业集群模式，开展品牌营销展销活动，组织地方农业品牌积极参与国内外展销会，吸引更多的客户，提高产品知名度，增强市场竞争力。

（五）公平对待民营企业，激发社会资市投入

一是政府在鼓励国有控股企业、民营企业和混合所有制企业参与政府和社会资本合作（PPP）项目时，给予民营企业更多机会，向民企开放具有高收益的项目领域，拓展其发展空间，通过公开、公正、规范及合理的PPP招投标流程，破解隐形门槛等障碍，清除不合理附加条件，促进民企公平、公正地参与竞争。二是商会和行业协会可以在民企参与乡村振兴中发挥提供信息、代表沟通、反映诉求等作用，各级工商联、商会和协会组织在引导民企积极参与乡村振兴、履行社会责任方面发挥自身优势，开展实践活动。三是农业农村部门把企业的投资与项目需求信息，利用行业组织，搭建供需信息平台，传达给市场主体，及时了解乡村建设过程中的机会，提供信息交流、合作对接、纠纷调解等服务。这些平台不仅可以帮助企业和农户有效对接，降低交易成本和时间成本，更重要的是为他们提供了权威的法律服务和政策解读，确保合作的透明度和公平性。四是完善民营企业退出机制，依靠股权和产权交易市场，为民企投资PPP项目提供股权转让、资产证券化等市场退出机制，通过良好的PPP政策环境，促进民间社会资本进入农村领域，为乡村振兴战略提供资金支持。

（六）加强职业技能培训，培养乡村发展人才

政府要加强对乡村人才的培育和引进。信息技术水平和数字化素养是推动乡村振兴的重要推动力。一是要强化对青年农民的数字化培训。乡村数字经济转型领域的科技含量越来越高，年轻人更容易接受，也容易学会新知识和新技术。二是加强建设产学研合作基地，鼓励高校或职业院校在农村开展教学实践，吸引农村大学生与退伍军人等回乡就业和创业，培养一大批懂农业、懂技术、懂产品的人才投身到乡村振兴中。三是鼓励民营企业与当地高校开展合作，邀请农业专家到乡村企业举办相关业务技能培训，促进企业员工提升技能本领，树立终身学习意识，实现民企文化建设和技能提升的"双丰收"。四是通过建立健全人才激励、培养、使用和保障机制，鼓励专业技术人才、管理人才和其他急需紧缺人才到乡村工作，为乡村振兴提供有力的智力支持。

专题六

辽宁省金融服务业支持民营经济
转型升级的对策建议

▶ 董　丹　陈奇超

一、辽宁省金融服务业支持民营经济转型升级的必要性

当前，中国经济由渐进式增速下滑逐渐进入中低速增长状态，在这种"新常态"的环境下，辽宁省民营经济增速也随之发生显著下降。民营经济增速"断崖式"下降主要是两个方面的原因：外部经济环境方面，由于新冠疫情后世界经济复苏乏力，同时中国宏观经济进入"新常态"，辽宁省民营经济增速面临下行的压力；内部经济结构方面，辽宁省落后的产业结构是制约辽宁省民营经济发展的内部因素，且也是至关重要的核心因素。因此，辽宁省民营经济的发展离不开辽宁省产业的转型升级，辽宁省金融服务业对民营经济发展的支持应该从辽宁省产业转型升级的角度考虑，辽宁省产业转型升级应该作为辽宁省金融服务业支持民营经济发展的突破口。

金融是现代经济的集中体现，民营经济的发展也体现在金融活动中，民营经济的转型升级需要更大规模的金融服务，正如希克斯（Hicks，1999）所言，"技术革命不得不等待金融革命。"但是，辽宁省在计划经济时代形成的强优势地位形成了很强的路径依赖，市场经济并不很成熟，有的甚至是很不成熟，表现为很强的政府干预，体现在金融方面也是如此，

金融活动的资源配置方式也具有很强的政府干预特征。从 2009 年开始，我国政府不断出台振兴东北老工业基地的一系列经济政策，辽宁省经济取得了明显的进步，尤其是解决了至关重要的"生存问题"，但是在这一阶段，政府主导的金融资源配置模式并没有发生根本性变化，这使得以市场力量作为主导的金融支持辽宁省民营经济的发展变得较为困难。2010 年，在国家发展改革委总投资 610 亿元、共计 100 项的振兴东北启动项目中，辽宁省获得了其中的 52 项，获批资金 442.1 亿元，占比 72.5%。这 52 个项目有一半落在了原材料工业项目，有近一半落在了装备制造业项目，还有少数落在了农产品加工项目。上述三类产业是辽宁省的传统优势产业，在当时特定的历史条件下，这种金融资源配置虽然能够解决"生存困境"，但是从长远的角度来看，这些获批项目并不有利于辽宁省的产业结构转型升级，反倒使辽宁省的产业趋于重化，产业附加值趋于低化。

金融支持辽宁省民营经济发展的核心困境是辽宁省经济活力缺失，表现为民营经济缺乏活力、金融缺乏活力、金融支持模式缺乏活力。经济活力的缺失使得辽宁省成为一块"金融高地"，即在民营经济缺乏利润点，金融支持模式发展与地区经济增长脱钩，且发展滞后的背景下，以"逐利性"为根本的内部金融资源顺理成章地从辽宁省这块"金融高地"流向区域外部，追逐利润回报。而外部金融资源同样出于"逐利性"不会逆流向辽宁省，即使在政府产业政策的驱使下，短期内资金会被聚集到辽宁省，但在长期，资金终究还是会以各种形式流向区域外部。

综上所述，在"辽宁省经济活力缺失，地区融资成本门槛提高"的恶性循环没有被打破之前，任何产业政策和资金注入收效都将大打折扣，难以从根本上破解辽宁省产业结构转型升级的困境。尽管政府主导的行政化的金融资源配置方式是辽宁省经济发展过程中的一块"顽疾"，但毋庸置疑的是，未来新一轮的辽宁振兴战略依旧需要在一定程度上依靠政府金融资源配置的作用。这是因为资本逐利的原始属性是不会改变的，在辽宁省尚未形成"金融发展—民营经济发展"良性循环之前，完全依赖市场力量只会使辽宁省的金融资源日趋外流，直至枯竭。在将辽宁省由"金融高地"转变为"金融洼地"的过程中，政府的金融倾斜政策不可或缺。因此，本研究认为，辽宁省金融服务业支持民营经济发展的核心关键是实现"初始禀赋的重构"，打造初始禀赋"加速器"，这一初始禀赋"加速器"

的核心是，市场主导的金融力量配合政府的金融倾斜政策。

二、"三产"视角下金融支持民营经济转型升级的研究

从产业结构变迁的角度来看，人类的经济发展在历史上大致经历了三个阶段。1935 年，新西兰经济学家费歇尔率先提出了三次产业，并将这三个阶段称作三次产业，将处于第一阶段的产业称为第一产业，处于第二阶段的产业称为第二产业，处于第三阶段的产业称为第三产业，这种从产业结构变迁的角度对经济发展阶段的分类方法得到了人们的广泛认同，并成为目前经济发展阶段分类的标准。第一阶段的经济活动主要是农业和畜牧业，也就是现今被称作的第一产业；第二阶段的经济活动是英国工业革命带来的全新的生产方式，即主要是以纺织、钢铁、交通设备等机器大工业的产生和发展，这被称作第二产业；第三阶段的经济活动是 20 世纪初非物质部门的迅速发展和壮大形成的全新的生产方式，即主要是金融、信息、娱乐等服务行业，这被称作第三产业。

2012 年 12 月 17 日，国家统计局根据《国民经济行业分类》（GB/T 4754—2011）制定了新的中国三次产业划分的规定，此规定将三次产业的范围划分如下。

第一产业是指农、林、牧、渔业（不含农、林、牧、渔服务业）。

第二产业是指采矿业（不含开采辅助活动），制造业（不含金属制品、机械和设备修理业），电力、热力、燃气及水生产和供应业，建筑业。

第三产业即服务业，是指除第一产业、第二产业以外的其他行业。第三产业包括批发和零售业，交通运输、仓储和邮政业，住宿和餐饮业，信息传输、软件和信息技术服务业，金融业，房地产业，租赁和商务服务业，科学研究和技术服务业，水利、环境和公共设施管理业，居民服务、修理和其他服务业，教育，卫生和社会工作，文化、体育和娱乐业，公共管理、社会保障和社会组织，国际组织，以及农、林、牧、渔业中的农、林、牧、渔服务业，采矿业中的开采辅助活动，制造业中的金属制品、机械和设备修理业。

本研究基于"三产"视角，梳理辽宁省三次产业结构的变迁以及第

一、第二、第三产业的发展现状，分析辽宁省产业转型升级过程中存在的问题，深入研究推动辽宁省民营经济产业转型升级的金融措施。

（一）辽宁省第一产业民营经济转型升级的金融支持

1. 辽宁省第一产业民营经济金融支持现状

辽宁省的农村金融支持力度和农村金融服务网点建设都表现出了较强的增长势头，这与金融服务"三农"的政策导向是分不开的。为了对农村金融的发展状况有更为深入的理解，我们汇总了辽宁省微观层面的农村金融数据，这些数据来自本书的调研结果，调研地点包括辽宁省北镇市沟帮子街道、常兴店镇、闾阳镇、青堆子镇、正安镇、中安镇、高山子镇、赵屯镇、锦州市义县七里河镇、新民市兴隆镇和公主屯镇、开原市业民镇、盘锦市盘山县、营口市边城镇、本溪市高官镇。

图 6 - 1 汇总了农户贷款总额分布情况，从图 6 - 1 中可以看出，贷款总额主要分布在 5000 ~ 20000 元（含）和 20000 ~ 50000 元（含）两个区间，而 10 万元以上的贷款农户占比仅为 4%。考虑到小农户和大农户的贷款需求存在差异，这一数据特征表明，农村的土地产权结构是较为分散的，农业大户的占比十分有限。

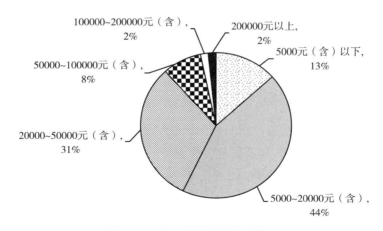

图 6 - 1　农户贷款总额分布情况

资料来源：调研数据。

从图 6 - 2 和图 6 - 3 可以看出，金融机构贷款是农户融资的主要方式，

专题六

而农合机构是农户贷款的主要金融机构。从图6-4可以看出，在贷款方式上，农户主要的贷款方式是信用和担保，抵押、质押的占比较小。如果进一步完善土地经营权融资体系，开拓以土地经营权作为抵押物的金融市场，则会进一步激发农村金融的活力。

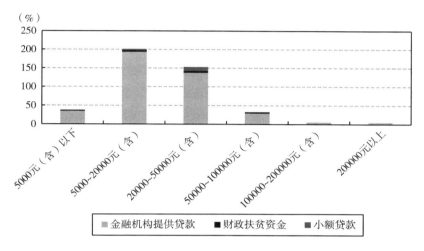

图6-2 农户贷款渠道分布情况

资料来源：调研数据。

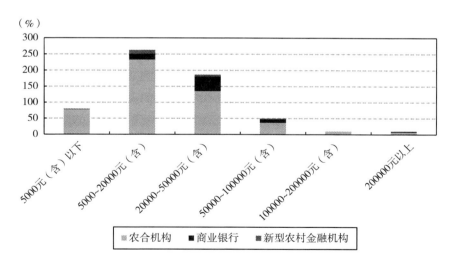

图6-3 农户贷款选择的金融机构分布情况

资料来源：调研数据。

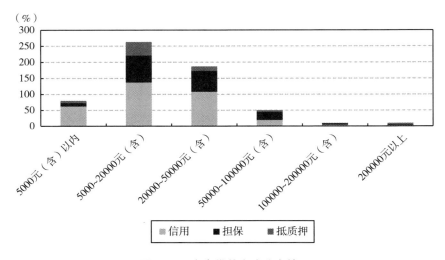

图 6 - 4　农户贷款方式分布情况

资料来源：调研数据。

通过调研发现，辽宁省尚没有农村资金互助社，对农业的金融支持主要依靠村镇银行，在农村地区的国有商业银行信贷资金"农转非"现象越来越严重的情况下，村镇银行很好地弥补了农村的资金缺口。村镇银行与银行分支机构不同，属于一级法人机构，自主经营、自担风险、自负盈亏、自我约束。原中国银行保险监督管理委员会于 2022 年发布的金融机构名单显示，辽宁省共有 58 家村镇银行，相对于国有商业银行和农信社而言，这些村镇银行更能适应农村经济的发展，并获得了不错的经营效果，但也存在着以下问题。

（1）金融机构"脱农"现象较为明显。辽宁省内共有 238 家金融机构，信用社、村镇银行达 138 家，真正涉农的只有 2 家，分别是农合行和农行。农行的"脱农"现象比较严重，对农村地区提供的贷款较少。农合行是由农信社发展而来，目前正在积极寻求改制为普通商业银行，一旦改制成功，其涉农业务很可能会进一步减少。

（2）涉农不良贷款的金额较高。农合行在农村地区的贷款较多，且贷款不良现象也较多，目前累计有十多亿元不良资产，农行等其他金融机构不良贷款较少。总体特点是，涉农贷款越多，贷款不良越多。主要原因有两个：第一个原因是，农村地区的诚信意识相对薄弱，加大了涉农贷款的道德风险；第二个原因是，农村地区的经济基础薄弱，加大了涉农贷款的还款压力。

（3）信用贷款的额度较少，抵押贷款的抵押物较少。通过调研发现，信用贷款的额度最高只有 3 万元，而抵押贷款的抵押物种类较少、限制较大，也不利于资金需要者一次性获得充足的发展资金。特别是对于部分种植大户，其承包了很多别人的土地，需要的发展资金也比较多，但是所能获得的正规金融机构贷款却非常少，主要有信用贷款和粮食直补贷款。一方面，信用贷款额度很小；另一方面，由于不能用别人家的粮食直补款作为抵押来进行贷款，粮食直补贷款额度也非常有限。综合以上两方面因素，种植大户通常很难从正规金融渠道获得充足的贷款。

（4）融资成本较高。农民融资的主要途径主要有两个：一个是农合行等正规金融机构，另一个是民间借贷。总体来看，农民在正规金融机构贷款的年利率为 5%~7%，但是融资过程中的隐形费用（比如人情费）相对较高；农民和城市低收入者通过民间贷款融资的利率通常较高，一般能达到 8%~15%。

（5）历史遗留问题较重。特别是农村地区，早期贷款管理不严，管理较乱，导致农民相互之间随意通过借身份证的方式进行贷款，在这种情况下，由于少数人出现贷款违约，进而影响到大部分人的诚信记录与贷款需求。

（6）教育支出和医疗的压力较大。调研发现，农民中普遍存在因病致贫和因学致贫的现象。在这种情况下，农民申请贷款的目的通常也是救急，而不是生产，从而导致贷款归还困难，普惠贷款缺少可持续性。

（7）农民的金融知识极其匮乏，与贷款方面的金融知识相比，农产品期货交易知识对于农民来说更为陌生。但是，期货交易具有规避风险、价格发现、农民增收等功能，并且借助农产品期货交易市场发展现代化农业的模式在欧美国家已经存在了数十年。大连农产品期货交易所是中国最大的农产品期货交易所，也是辽宁省唯一的一家期货交易所，大豆期货位居全球第二。大连农产品期货交易所为辽宁省发展现代化的期货农业提供了一个很好的平台，但是这一平台是否在辽宁省的农业发展中发挥了显著的作用，尚待研究。

2. 辽宁省第一产业民营经济转型升级的发展方向

根据 2009 年《国务院关于进一步实施东北地区等老工业基地振兴战略的若干意见》和 2016 年《国务院关于深入推进实施新一轮东北振兴战

略加快推动东北地区经济企稳向好若干重要举措的意见》，本研究提出了辽宁省第一产业民营经济转型升级的发展方向，以便更好地提出辽宁省民营经济转型升级的金融支持对策。

（1）大力发展规模化农业。辽宁省的自然资源禀赋决定了其是我国最适合推广规模化农业的地区。从欧美等西方国家发展现代化农业的经验来看，农业规模化可以集约资源，实现生产的规模效应，这是现代农业的一个显著特征。当前，制约辽宁省发展规模化农业的最大障碍是土地所有权结构的分散。与欧美等西方国家地广人稀的特征不同，我国人均耕地面积较小，土地所有权制度不利于形成规模化耕地。辽宁省是国内人均耕地面积较大的地区以及国内土地流转的示范区，积极推进土地所有权、承包权和经营权的"三权分置"，鼓励土地"连接成片"是辽宁省推广规模化农业的基础。

（2）大力发展科技化农业。机械化农业的实现并不意味着科技化农业，因此，不仅要在农业耕作环节大力推广机械设备对劳动力的替代，更要充分利用科学技术知识提高农产品的质量和国际竞争力，在生产、销售、市场、农村生活、农村社会等各个环节提高科技对第一产业发展的贡献率。

（3）大力发展组织化农业。生产力决定生产关系，生产关系反作用于生产力，辽宁省第一产业生产力的解放不仅需要通过推进土地流转实现土地规模化、生产规模化，更需要通过现代化的组织形式实现农业经营的组织化。通过以跨国农业集团为代表的组织化经营方式，打通农业发展各个环节的壁垒，缩短农民与国际农产品市场的层级，提高第一产业的增加值。

（4）提高第一产业的关联度。按照产业结构变迁的规律，在经济发展的过程中，第一产业的占比逐渐减小，劳动力逐渐从第一产业流向第二产业和第三产业。2022年，辽宁省的第一产业占比为8.96%，以发达国家为参照，随着产业结构转型升级的持续，辽宁省第一产业的占比将会降到2%左右。这就要求辽宁省第一产业的发展必须提高产业关联度，尤其是与第三产业的关联度。此外，积极推动辽宁省第一产业与第二、第三产业的融合，也有利于提高农业者的素质，进而提高农民收入水平。

（5）深化农垦区改革。辽宁省拥有大规模的农垦区，与农村地区土地所有权结构分散的特点不同，农垦区的土地所有权是较为集中的，但是辽宁省农垦区的经营效率亟须提高。因此，要继续深化农垦区改革，提高农垦区对第一产业增加值的贡献率。此外，由于农垦区具有土地规模化的先天优势，可以尝试以农垦区为科技化农业、组织化农业以及农业产业关联的示范区，并逐步将"农垦区经验"推广到农村地区，甚至可以尝试构建"农垦区"和"农村地区"的良性互动机制。

3. 辽宁省第一产业民营经济转型升级的金融支持措施

（1）强化"三权分置"的市场制度，完善土地经营权流转市场，链接流转交易的金融市场。"三权分置"，指的是所有权、承包权和经营权的分离，"三权分置"的市场制度就是将所有权、承包权和经营权分离的市场制度。2016 年 10 月 30 日，中共中央办公厅、国务院办公厅联合出台了《关于完善农村土地所有权承包权经营权分置办法的意见》（以下简称《意见》），《意见》在制度上明确了农村土地所有权的根本地位、农村土地承包权的"严格保护"地位和农村土地经营权的"加快放活"地位，不仅为辽宁省完善农村土地经营权流转市场提供了制度保障，也为金融服务业支持辽宁省大力发展农业市场化提供了制度保障。在此《意见》的基础上，辽宁省可以按照"三权分置"的法律法规扎实做好农村土地确权登记颁证工作，以法律法规的形式确认"三权"的权利主体和权利归属，并逐步建立起以"农村土地经营权"为交易物的农村土地经营权流转市场，进一步将农村土地经营权流转市场融入金融市场，为金融服务业支持农业市场化提供通畅的良性循环通道。

（2）在涉农县（市、区、旗）范围内构建农村土地经营权流转市场，并制定相关金融产品市场的法律法规，完善农村土地经营权流转市场制度。健全农村土地经营权市场和相关的金融产品市场的运行规范，确保农村土地价格由市场供求机制决定，确保以农村土地经营权为主体的相关金融产品合法、可交易，确保农村土地经营权所有者可以用土地承包权融资。严格农村土地经营权的准入门槛，健全监管工商资本经营农村土地的法律法规，完善农村土地经营权的风险防范机制。与此同时，鼓励和引导符合准入门槛的企事业单位加入农村土地经营权流转市场，扩充农村土地经营权流转市场的交易主体，丰富农村土地经营权流转市场活动，为农村土地经营权的流转提供资产评估、信用评估、法律咨询、抵押融资等方面的服务。规范农村土地经营权流转合同，鼓励和引导农村土地经营权流转市场使用合同范本。完善农村土地经营权流转的调解机制，调解农村土地经营权流转纠纷，有效维护农村土地经营权主体的合法权益。

（3）成立"三权分置"工作小组，搭建辽宁省土地经营权信息管理平台，完善土地信息登记制度，确保土地信息公开、透明，基于土地信息建立农村集体资产管理系统和土地经营权价格评估系统。建立辽宁省土地经营权交易所，以交易所为主体，规范、完善市场交易行为，尤其是引导更多的金融机构进驻交易市场，加快土地经营权交易市场的金融化。

（4）由国家开发银行牵头成立辽宁省第一产业转型升级专项基金，以资本运作方式替代以往的对家庭农场、农民专业合作社的单项补助，确定"市场力量为主导"的未来大农业发展方向。通过基金的资本运作模式，培育本地具有竞争力的农村合作社、家庭农场、农事龙头企业，打造一批规模化、科学化、组织化、国际化的跨国农业集团，促进辽宁省第一产业的发展。

（5）地方性的金融机构、农垦机构，如地方银行、地方金融控股公司、国营农场、林场，投资成立或入股跨国农业集团，通过跨国农业集团整合产业链，实现土地、农具、作物生产、农用器械、产品深加工、农业技术创新、资本运作、期权期货合约等整个产业链上游、中游、下游的产品和服务的整合。通过跨国农业集团实现农业生产的规模化、科学化、组织化和国际化，加强第一产业与第二、第三产业的融合，培养一大批高素质、高水平的农民从业者，在集团内部实现劳动力由第一产业向第二、第三产业的转移。

（二）辽宁省第二产业民营经济转型升级的金融支持

2009年，中央政府出台了《关于进一步实施东北地区等老工业基地振兴战略的若干意见》，作出了东北经济振兴的战略部署。2016年，我国政府又出台了《关于深入推进实施新一轮东北振兴战略加快推动东北地区经济企稳向好若干重要举措的意见》，提出了东北经济转型升级的战略部署，在此基础上本研究尝试提出辽宁省第二产业民营经济转型升级的发展方向，为辽宁省金融服务业更好地支持民营经济转型升级提供建议。

1. 辽宁省第二产业民营经济转型升级的发展方向

（1）大力推进高端制造业的发展。高端制造业是我国战略性新兴产业的重要组成部分，既是制造业竞争的制高点，也是国家综合实力的重要标志之一。辽宁省高端制造业具有良好的发展基础，在推进辽宁省产业转型升级的关键时期，应把握好契机，积极获取重大技术装备自主化成果，并依托辽宁省的独特产业和资源优势，加快推动辽宁省高端制造业的发展。首先，加强区域自主创新能力建设，大力推广应用自主创新成果，完善自主创新体系，努力将其转化为先进生产力，培育新的经济增长点。依托辽宁省优势工业产业，做大做强产业集群，完善轨道交通全设备产业链，加强航空装备产业技术研发，加大对新能源、新材料、生物、信息、航空航天、高速铁路等高技术领域自主创新成果产业化的支持力度。其次，推动产学研相结合，鼓励更多科技人员创办科技型企业，支持科研机构和高等院校积极向企业转移自主创新成果。再次，加强对辽宁省第二产业民营经济转型升级的金融支持，优先支持符合条件的科技型企业在创业板上市融资。最后，继续组织实施振兴辽宁老工业基地高技术产业发展专项，重点用于辽宁老工业基地国家高技术产业基地建设、自主创新成果产业化和创新能力建设等。此外，地方政府也要积极制定相关政策，支持自主创新成果产业化。

（2）全面深化国有企业改革，降低国有企业比重。辽宁经济急剧下滑的一个重要原因就是大部分以传统产业为主的国有企业所占比重过大，使得经济运行内生动力不足，结构调整困难。因此，辽宁省产业升级所面临的问题是全面深化国有企业改革，降低国有企业比重至合理范围，降低以工业能源与以原材料为主的产业比重，提升高新技术产业占比，推动第二、第三产业加快发展。具体来说，根据《国务院关于进一步实施辽宁省等老工业基地振兴战略的若干意见》，在辽宁省选择 10～20 家地方国有企业开展首批混合所有制改革试点。组建若干国有资本投资运营公司，研究推动若干重大企业联合重组，有序转让部分地方国有企业股权，所得收入用于支付必需的改革成本，弥补社保基金缺口。加快解决历史遗留问题，切实增强企业内在活力、市场竞争力和发展引领力。

（3）积极培育潜力型产业，整合产业链，形成整体优势。具体来说，依托装备制造业整体制造能力强的优势，发展基础配套零部件、加工辅具和特殊原材料等。依托原材料加工基地的优势，努力发展下游特色轻工产业。依托地处东北亚中心的地缘优势，与周边国家加强资源开发合作。具体来讲，辽宁省利用长期积累优势，整合产业链，可采取以下做法。首先，加强区域合作，形成整体优势。其次，以重大装备为特色，加快新型装备制造业发展步伐。再次，加强产业链配套建设，大力发展介于原材料制造业与最终产品制造业之间的零部件、元器件和中间材料制造业的中场产业。最后，还要重视产业链末端建设。最终形成一条独具优势、特点鲜明的产业链，以提升辽宁省第二产业民营经济竞争力，加快辽宁省民营经济产业结构转型升级，进而推动辽宁民营经济突破"瓶颈"，快速发展。

2. 辽宁省第二产业民营经济转型升级的金融支持措施

（1）从制度上和法律法规上保障地方政府债券、民营企业债券及债转股等金融形式，保护民营经济、混合所有制中的民营成分的产权、物权和债权。以制度、办法、法律法规等形式确定辽宁省发行地方政府债券、民营企业债券及其债券新品种，扩大民营企业债券融资规模，债转股及其债转股方案，民营企业和金融机构赴境外融资等金融活动的实施细则和实施措施，为金融市场化提供法治保障。同时强化政府责任，对重点民营企业和高新技术产业进行政策上的优惠补贴，以制度、办法、法律法规等形式鼓励和引导银行等金融机构加大对辽宁省民营企业信贷的支持力度，对民营企业不能有歧视的抽贷、停贷，而要根据市场、效益和竞争力等指标对民营企业进行分级或分层，符合信贷需求。健全信贷协调机制、应急转贷机制和风险补偿等机制，对暂时遇到困难的效益水平和信用水平优质的民营企业，要协调相关的各金融机构通过各种机制进行资金的应急和补偿，为其提供帮助，缓解民营企业资金紧张问题，避免不良贷款的产生。

（2）引进优质的资产管理评估公司，对辽宁省优质民营企业实施信息公开透明的资产评估，促进民营企业资产证券化和资产管理。推进国有企业的混合所有制改革，增加国有企业民营成分的产权，放宽民营企业资本进入的行业和领域限制，促进民营资本依法合规参股金融机构，鼓励民营企业与国有企业公开公平参与市场竞争，推进民营企业及其产权的"债转股"，促进民营企业融入金融市场，推动大型民营企业资本和金融资本的融合：大型民营企业的"由产到融"和地方性金融机构的"由融到产"，为金融服务业支持民营企业转型升级建立良性的循环通道，也为民营中小微企业的融资建立良好的金融市场环境，以更好地促进辽宁省民营中小企业的发展。

（3）由国家开发银行牵头成立辽宁省第二产业转型升级专项基金，国家开发银行以市场主体的形式参与资本运作，支持民营企业转型升级，提高本地科技成果转化效率，并形成专项基金与资产管理评估公司的双向合作机制，帮助本地优势民营企业进行资金融通、做大做强，同时对落后产业、夕阳产业进行整合、转型甚至淘汰；针对融资困难的民营中小企业，由国家开发银行牵头引进和扶持民间资本，引导民间资本对民营中小企业的转型升级给予支持，由政府推进民营企业公共服务平台建设，降低金融支持成本，扩大金融支持的市场。

（4）形成辽宁省资本市场，适度降低区域的民营企业上市门槛，帮助优质民营企业做大做强。通过差异上市门槛的区域资本市场，可以拓宽企业融资路径，打破过度行政化的金融资源配置模式的桎梏，改变过度单一的间接金融融资结构。辽宁省资本市场体系构建主要可以从以下几个方面入手：扩大沈阳联合产权交易所业务范围，整合辽宁省产权市场，实现信息共享、资源合理配置；形成地方性企业债券市场，打破辽宁省在深沪交易所交易企业债券稀缺的局面；依据辽宁省民营企业现状和发展趋势建立区域资本市场交易所，合理降低区域的民营企业上市门槛，帮助优质民营企业在区域性资本市场融资。

（三）辽宁省第三产业民营经济转型升级的金融支持

1. 辽宁省第三产业民营经济转型升级的发展方向

为了更好地制定辽宁省民营经济转型升级的金融支持对策，本研究参考 2009 年《国务院关于进一步实施东北地区等老工业基地振兴战略的若干意见》和 2016 年《国务院关于深入推进实施新一轮东北振兴战略加快推动东北地区经济企稳向好若干重要举措的意见》，尝试提出辽宁省第三产业民营经济转型升级的发展方向。

（1）推动辽宁省民营经济从传统服务业向现代服务业的转变。现代服务业是指以现代科学技术特别是以信息网络技术为主要支撑，建立在新的商业模式、服务模式和管理方法基础上的服务产业。它有别于商贸、住宿、餐饮、仓储、交通运输等传统服务业，以金融保险业、信息传输和计算机软件业、租赁和商务服务业、科研技术服务和地质勘查业、文化体育和娱乐业、房地产业以及居民社区服务业等为代表。当前，辽宁省第三产业的民营经济结构还是以传统服务业为主，现代服务业尤其是金融业和房地产业的发展较为滞后，行业增加值占比低于第三产业增加值占比。因此，要大力发展现代服务业，加强产学研合作，充分利用地区内的科研高校机构（辽宁大学、大连理工大学、东北大学等）的资源优势，主动出击引导知名互联网企业深度参与辽宁省电子商务、互联网金融、大数据的发展；完善服务业基础设施，培育养老、旅游、文化等新兴服务业态；抓住辽宁与江苏、浙江、广东三省，沈阳、大连两市与北京、上海、天津、深圳四市的对口合作机会，积极培育现代服务业，尤其是推动房地产业和金融业的发展。

（2）推动辽宁省民营经济从消费性服务业向生产性服务业的转变。服务业分为生产性服务业、消费性服务业和公共服务业。国际经验表明，生产性服务业比消费性服务业具有更快的增长速度，在经济增长中扮演着相对更重要的角色。一般认为，生产性服务业包括银行、保险、证券、期货、外汇、风险投资、债务市场、基金管理等金融保险业，设计、研发、广告、法律、咨询、会计、租赁、工程、经纪等中介服务业，物流、会展、代理、检测、仲裁等贸易服务业。由此可以看出，生产性服务业本身具有现代服务业的特征。因此，要不断促进辽宁省生产性服务业的发展，以生产性服务业的发展和生产性服务业的产业融合推动辽宁省的产业转型升级。

（3）推动辽宁省民营服务业的产业集聚。由前面的分析可知，辽宁省的服务业产业集聚率较低，并且服务业产业集聚呈现弱化的趋势，这在全国都是较为罕见的。推动辽宁省民营服务业的产业集聚，包括内、外两方面内容：对内，要结合区域经济的要素禀赋特征，在大连金普新区、辽宁沿海经济带、沈阳经济区等区域培育和发展服务业集聚带；对外，要积极融入"一带一路""京津冀一体化""环渤海经济区"等区域经济一体化建设，推动产业集聚带的对接、融合。

（4）推动辽宁省民营服务业信息化、服务业国际化。在服务业信息化方面，要加大对辽宁省信息产业发展和信息基础设施建设的支持力度，大力发展基于"互联网＋"的服务业新业态，支持打造互联网"双创"平台，引导知名互联网企业深度参与辽宁省电子商务发展，支持互联网就业服务机构实施辽宁省促进就业创业专项行动；在服务业国际化方面，要鼓励辽宁省民营服务业"走出去"和"引进来"，大力发展服务贸易，加强服务贸易便利化的基础设施建设，提高辽宁省民营服务业的国际竞争力。

2. 辽宁省第三产业民营经济转型升级的金融支持措施

（1）对民营经济开放服务业的某些领域，以制度、办法和法律法规形式确定民营经济可以参与的第三产业，放宽金融服务、文体娱乐、公共设施、文化卫生、教育医疗等社会事业服务领域的市场准入条件，鼓励和引导民间资金进入上述领域，形成服务业市场的开放竞争的局面。尤其要盘活民间资本，促进民间资本和政府资本的融合，利用民间资本的市场活力发展现代金融业、银行业、保险业，注重对民间资本参股权的保护。

（2）由国家开发银行牵头成立辽宁省第三产业转型升级基金，主要从两个方面对辽宁省的第三产业转型升级给予支持。一方面，要发展产业链金融，就是借助金融服务推动产业与产业的融合，使得农业与工业的淘汰产能和过剩劳动力融入服务业中。另一方面，针对当前辽宁省民营服务业自身的特点，联合相关的地方性金融机构、财政资金，建立完善的辽宁省第三产业的金融服务中介体系和机构，在为相关的"三产"企业提供融资便利的同时，更加注重对其提供现金管理、财务规划、咨询顾问、风险管理等服务。

（3）发展现代金融业，利用大连、沈阳的区域资源集聚优势，开辟区域性的股权交易市场。一方面，依托股权交易市场打造数个区域性的现代金融业地标，以此地标为核心促进服务业集聚，形成金融服务、住宿餐饮、现代物流、商务往来、购物旅游以及会议会展等综合一体的区域金融中心。另一方面，充分发挥区域性股权交易市场的融资功能，吸收社会资金、外援资金，以市场力量为主导，为辽宁省的产业转型升级和对外开放提供资源优化配置服务。

（4）发展互联网金融和"互联网＋"。在政府层面，要率先建立完善的征信体系，打造透明的辽宁省信用环境。同时，辽宁省政府部门要主动出击，通过各种优惠政策吸引区域外的先进互联网企业落户辽宁。以政府信用支撑"互联网+"平台体系，以"互联网+"平台撬动民间资本，整合社会资金，并与第三产业转型升级基金形成双向互动机制，主打中小企业融资和普惠金融。在"互联网+"方面，积极探索"互联网+"的服务业态，打造辽宁省"互联网+"产业园，在资金与双方合作等方面给予政策支持和优惠待遇，同时也积极引导，加以规范。

（四）辽宁省民营经济结构性调整的金融支持方式

基于上述研究，本研究沿袭"金融制度、金融市场、金融机构、金融产品"的逻辑范式，提出了辽宁省民营经济结构性调整的金融支持方式。

1. 金融制度

辽宁省客观存在的民营经济缺乏活力导致辽宁省成为一块"金融高地"，表现为"外部资金不流入，内部资金进一步外流"，这一恶性循环导致市场化的金融支持方式难以奏效。因此，必须在宏观金融制度上给予政策倾斜，以降低辽宁省的相对融资成本，实现"资源禀赋重构"。可选择的政策工具有区域差额准备金率、利率、银行窗口干预。这些差别区域货币政策的实施需要中央银行和国家金融监督管理部门等的协调合作，一方面，由中国人民银行制定具体的区域差额准备金率、利率政策，通过差别成本门槛把资金引进来；另一方面，由国家金融监督管理部门、国有商业银行通过银行窗口干预、资金监控等措施，确保资金流入辽宁省的同时，不会借壳流出，赚取利差。

辽宁省的"金融二元结构"特征十分明显，这客观上导致了区域内的金融资源配置方式过于僵化，缺少市场活力。因此，必须大力发展以股票、债券为代表的直接金融，在间接金融中注入民间资本的活力，成立民营银行、民营金融机构以及搭建互联网金融平台。可以适度降低辽宁省的金融准入门槛，如降低公司上市门槛、民营银行和民营金融机构的准入门槛、互联网金融平台的准入门槛。当然，这种金融倾斜政策可能会加大区域金融风险，这就要求政府部门全力打造完善的征信体系，营造良好的区域信用环境，同时构造风险防控体系，积极应对金融风险的千变万化。为了进一步降低区域金融的风险敞口，需要在差别金融政策的基础上辅以财税补贴政策，并通过政府行政服务的便利化降低企业运营成本。

民营企业融资困难是全世界普遍存在的难题，这一难题在辽宁省尤为凸显。结合辽宁省的区域异质性，辽宁省民营企业融资难还有另外两方面的原因：其一，大型国有企业对金融资源的垄断提高了民营企业的融资成本；其二，辽宁省的民营企业对大型国有企业具有依附性。因此，出于金融便利化的角度考虑，在金融政策上给予辽宁省的民营企业更为优厚的支持，如在国有商业银行制定民营企业专项贷款比例，规定辽宁省的国有商业银行每年必须有固定部分的贷款支持民营企业（印度经验）。此外，还可以建立国有企业和民营企业的金融机构贷款互助机制，一方面可以通过金融手段解决民营企业融资难题，另一方面还可以促进国有企业改革。

2. 金融市场

在辽宁省发展市场力量主导的间接金融，需要构建区域性的资本市场，包括区域股权交易市场、债权交易市场、外汇市场以及创新性地开辟区域土地经营权及其相关金融产品的交易市场。

建立区域性的股权交易市场可以拓宽辽宁省的企业融资渠道，尤其可以以金融手段推动大型国有企业改革。一方面，在辽宁省的股权交易市场中有限度地、适当地降低企业上市门槛；另一方面，准许部分国有企业，主要是对国民经济安全不构成影响的非战略性国有企业，出让一部分股权或全部股权进行上市交易。

建立区域性的债权交易市场，准许地方政府、大型项目、国有企业、有条件的大型民营企业上市发行并交易地方债券和企业债券。进一步丰富和优化融资结构，去除杠杆。

建立区域性的外汇交易市场以及人民币离岸市场。打造东北亚国际金融中心，为辽宁省的外贸提供贸易融资便利化服务，推动辽宁省的对外开放，促进辽宁省民营企业参与国际分工，以此构建"产业结构"和"贸易结构"的良性互动机制。

建立区域性的土地经营权及其相关金融产品的交易市场。以土地经营权作为标的物开拓相关的金融产品及金融服务，以实现金融市场的深化，推动辽宁省第一产业的规模化发展、科学化发展、组织化发展。

3. 金融机构

金融机构是金融市场的重要组成部分和实物体现，结合前面关于金融制度和金融市场的设计，提出拟建立和发展如下金融机构。

（1）辽宁省产业转型升级专项基金，包括辽宁省第一产业转型升级专项基金、辽宁省第二产业转型升级专项基金、辽宁省第三产业转型升级专项基金，并在基金中设立科技创新模块和新兴产业培育模块。以资金运作方式代替原有的财政资金直补方式，以市场力量代替原有的行政力量作为资金配置的主导模式。

（2）辽宁振兴战略融资平台。以财政资金为杠杆撬动更多的社会资本，尤其是区域外资本，搭建辽宁振兴战略融资平台，形成大规模"资金池"。以辽宁振兴战略融资平台为依托积极推进辽宁振兴战略融入"一带一路"倡议，打造"一带一路"的东北亚枢纽。

（3）辽宁省区域征信平台。由中国人民银行牵头，联合辽宁省的地方政府部门、征信企业、互联网企业、银行部门等打造辽宁省的征信服务平台。

（4）辽宁省资产管理评估公司。联合地方性银行（如吉林银行、盛京银行）以及辽宁省内有条件的大型国有企业和急需转型的国有企业，成立辽宁省资产管理评估公司，形成集所有金融服务于一身的投资型资产集团。

（5）辽宁省股权交易所和辽宁省债权交易所，以交易所为实体构建辽宁省资本市场。

（6）辽宁省人民币离岸金融中心。参照现有的人民币离岸中心，在辽宁省发展离岸人民币业务，促进辽宁省的贸易投资便利化。

（7）辽宁省土地流转"三权分置"信息管理平台。进一步推动农村土地确权登记颁证工作，收集土地经营权的相关信息，包括土地质量、土地规模、交通状况等，设计较为合理的土地价格评估体系，为土地经营权流转交易提供信息化服务。

（8）辽宁省土地流转交易所。与辽宁省土地流转"三权分置"信息管理平台展开合作，吸引农合机构、大型农场、农业跨国集团、金融机构等进驻辽宁省土地流转交易平台，开拓规模化、规范化的农村土地经营权及其相关金融产品的交易服务。

（9）大力发展大连商品交易所，将其打造成辐射东北亚的农产品期货交易平台。通过期货金融服务于辽宁省的产业转型升级，尤其是第一产业的转型升级，以实现区域内农业集团的国际化发展。

4. 金融产品

结合前面关于金融机构的论述，拟提出以下金融产品的概念。需要说明的是，基于不同的金融形态和金融市场，金融产品的创新也层出不穷，本研究仅提出相关金融产品的概念，后续的研究将进一步探讨相关金融产品的设计。具体金融产品如下：基于辽宁省产业转型升级专项基金，开发相关的基金类金融产品；基于辽宁省资产管理评估公司，开发多样化的投融资工具；基于辽宁省股权交易所，开发国有企业的分置股权产品、辽宁省股权交易的相关股指期货；基于辽宁省债权交易所，开发相关的企业债、地方债及其金融衍生品；基于辽宁省人民币离岸金融中心，开发相关的贸易投、融资业务，以及相关的外汇交易衍生品；基于辽宁省土地流转交易所，开拓基于土地经营权的多样化融资服务，开发农村土地经营权产品及其相关金融产品；基于大连商品交易所，开发更多的期货产品以及期权产品。

三、科技创新视角下金融支持民营经济转型升级的研究

（一）辽宁省科技创新推动民营经济转型升级的发展目标

1. 促进传统民营经济的转型升级

20 世纪七八十年代的信息革命使制造业呈现不同以往的特点，主要有两个趋势。一个趋势是以信息技术为核心推动制造业从机械化生产模式转化为信息化生产模式。用信息技术改造传统制造业，建立起自动化生产和管理系统，大幅度提高生产和管理的效率与水平。另一个趋势是先进制造技术的兴起和先进制造模式的出现，让人们可以用计算机辅助设计和进行制造，可以根据顾客需要，使生产任意数量的产品成为可能。因此，未来辽宁省传统民营经济转型升级应该向具有电子信息化程度高、数字研发程度高和网络化程度高的先进制造业发展，推进产业从机械化组装向数字化研发的方向转变。

2. 延伸价值链，实现附加值增加

针对近期辽宁省重化结构难以改变的问题，应该优化生产结构，鼓励和引导生产加工深化与细化，进而生产出高质量的产品，增强产业配套能力，切实抓好节能减排，淘汰落后产能，向产业链和价值链两端延伸，从

这些方面转型升级制造业。从产业角度看，服务业已成为提升制造业竞争力和制造业发展的重要方向，企业利润来源越来越多地依赖加工制造环节之外的其他环节，服务在企业活动中的地位不断提升。辽宁省民营企业应该在加工制造环节之外的其他环节，比如信息咨询、信息整合、市场研发、物流管理、广告设计等方面加强生产性服务，提升生产附加值，这是辽宁省民营企业未来发展的方向。

3. 节约能源实现低碳化

由于资源的限制、环境的要求，人们对高水平生活的要求，重化工业结构在调整的过程中需要低碳化。而增加科技投入，一方面能使民营企业应用先进的生产技术，促进传统产业与战略性新兴产业相结合，如汽车产业与新能源汽车相结合、农产品加工产业与生物技术相结合、医药产业与生物医药产业相结合以及装备制造业向高端装备制造业发展。另一方面能促进清洁能源的使用。区域能源缺口巨大，而且也给煤炭、石油等给环境带来巨大的破坏，原材料的缺乏和能源产业的高污染要求能源产业探索对新能源的应用。依托区域内清洁能源，大力发展相关产业，如重视对太阳能的开发利用，承接区外单晶硅和多晶硅电池的生产订单，构建单晶硅和多晶硅电池产业链，从而实现党的十六大提出的"走出一条科技含量高、经济效益好、资源消耗低、环境污染少、人力资源优势得到充分发挥的新型工业化路子"。

（二）科技创新推动辽宁省民营经济转型升级的金融支持措施

1. 给予科技创新企业资金支持

在辽宁省民营经济转型升级基金中嵌入科技创新模块，在资金方面为科技创新民营企业提供充足的发展动力。民营企业可以与科研单位和机构进行合作，将民营企业的生产项目引入科研单位和机构，提高项目的科技水平，也可以将科研单位和机构的科研项目转化为生产技术引入民营企业，为市场提供有竞争力的新产品；与此同时，要形成国内发达地区和企业、国外发达地区和民营企业展开合作的模式，学习先进经验和方法，推动辽宁省传统强势产业的转型升级，并推动辽宁省民营企业积极参与国际分工，实现价值链延伸。

2. 为科技创新民营企业提供融资支持

科技创新民营企业多为中小企业，因其企业规模等先天因素的限制，不易获得启动资金和发展资金。为了支持科技创新民营企业发展，要在已有的国家高新技术产业开发区内部构建风险投资平台，与区域资本市场对接，为科技创新提供融资便利，满足企业科技创新的资金需求，同时形成"金融"+"科技"的关联核心，形成高新产业风投资金集聚，规避科技创新民营企业在未来发展壮大中可能面临的资金链断裂的危险。

3. 加强科技与产业的结合

区域资产管理评估公司整合民营企业的过剩产能和过剩资本，使传统优势产业高端化，以基金引导、投贷结合，加强信贷支持，利用债务融资以及股权转化、资产证券化等手段盘活存量，筹措资金，深化产业链金融，依托优势产业层级延伸产业链条，提高产品的科技水平，提升产品的质量和价值，进而增加市场竞争力。与此同时，要积极开拓区域外市场，扩大科技产品的影响范围和影响力。

四、战略性新兴产业培育视角下金融支持 民营经济转型升级的研究

《国务院关于加快培育和发展战略性新兴产业的决定》明确提出了加快培育和发展节能环保产业、新一代信息技术产业、生物产业、高端装备制造产业、新能源产业、新材料产业、新能源汽车产业七大产业。这七大产业是国家层面产业规划发展的方向，对中国未来的产业结构优化升级和经济健康发展具有十分重要的意义。2008 年国际金融危机后，战略性新兴产业的发展越发得到重视。世界各发达国家把战略性新兴产业作为拉开其与发展中国家距离的重要手段，不断加大研发扶持力度。

自 2008 年国际金融危机以来，国务院和国家发展改革委数次发布宏观层面的大力发展战略性新兴产业的鼓励性产业政策和中观层面的单项细分战略性新兴产业规划。辽宁省各级政府也都积极响应，出台了一系列发展规划和优惠政策，为战略性新兴产业的发展铺平道路，在微观层面上扫除战略性新兴产业发展的障碍。战略性新兴产业的发展已经得到宏观、中

观、微观层面的全方位政策支持，这些政策的支持无疑为战略性新兴产业的健康发展营造了一个非常有利的环境。

但是，现实中的条件时刻在发展和变化，因此，现实总会出现新的情况和新的问题。辽宁省战略性新兴产业的发展也出现了很多新情况和新问题，导致其各种发展指标在 2013 年和 2014 年极速下降。面对出现的新情况和新问题，省政府应从中找到战略性新兴产业发展趋于恶化的各种因素，及时调整各种政策来干预和克服这些不利因素，从而扭转这种趋于恶化的不利局面。

（一）辽宁省民营经济战略性新兴产业重点领域

辽宁省战略性新兴产业和领域的重点选择与国家的 7 个产业不完全相同，它们并没有简单地跟进，而是与自己的资源优势和产业基础相结合，并充分考虑国内外市场的需求和经济效益的预期，努力形成自己的特色。如表 6 - 1 所示，辽宁省民营企业在战略性新兴产业七大领域选择了 5 个产业，主要包括新一代信息技术产业 10 个领域、新能源产业 6 个领域、新材料产业 5 个领域、生物产业 7 个领域、节能环保产业 3 个领域。

表 6 - 1　　　　辽宁省民营企业选择的战略性新兴产业的重点领域

选择产业	重点领域
新一代信息技术	半导体照明、电力电子、电子元件、新兴网络装备、集成电路、汽车电子、数字音视频、电子专用设备和测试仪器、软件、动漫产业
新能源	生物利用、风电、光伏发电、新能源技术研发和应用、核电、燃料电池
新材料	先进金属材料、化工新材料、先进复合材料、纳米材料、膜材料
生物	生物医药和生物育种、生物技术药物和化学创新药物、中药现代化、医疗器械和医用生物材料、农作物、畜产品、水产品育种及林木育苗
节能环保	节能环保设备制造、节能环保技术、污水处理技术设备

资料来源：根据辽宁省"十二五"规划整理。

（二）辽宁省民营经济战略性新兴产业面临的金融支持困境

近年来，国家在很多方面对经济发展予以资金支持，辽宁省有关部门也加强指导金融机构改进服务，积极支持民营经济新兴产业发展。商业银行通过各种金融手段为辽宁民营经济战略性新兴产业提供信贷，有些银行对新兴产业的信贷进行了专门的业务分类，如对战略性新兴产业推行专门的信贷政策，将战略性新兴产业的知识产权作为质押物，为战略性新兴产业设立专门的贷款机构，专门办理企业贷款。证券行业也推出了战略性新兴产业的融资板块，增加了专门为战略性新兴产业直接融资的渠道。保险业也推出了战略性新兴产业的保险品种，增加了战略性新兴产业的投资方式和保障措施。

但是，辽宁省民营经济战略性新兴产业的发展同其他产业一样，仍面临着供给性资金缺口大、融资渠道匮乏、民间资金调动不足等资金问题。之所以还大量存在这样的问题，主要有以下三个原因。第一，金融机构重视程度不够。很多金融机构对战略性新兴产业了解不深，习惯于延续传统的信贷内容和信贷方式，对贷款客户主要看资产水平和经营状况，而不重视企业发展前景，金融机构对这种传统的信贷模式形成了强烈的路径依赖，对战略性新兴产业的发展给自己带来的切身利益认识得不深刻，没有强烈的动力积极主动地调整和改变传统的信贷模式和盈利模式，看不到战略性新兴产业潜在的优质客户。因为没有足够和及时的金融支持，许多科技成果不能及时转化成生产力，无法形成生产和经营的良性循环，创造不了良好的战略性新兴产业的市场氛围和市场环境。据了解，辽宁省现登记的科技成果大部分分布在战略性新兴产业领域，这些科技成果大部分因为没有足够的金融支持而"夭折"。第二，金融模式不能满足实际需要。战略性新兴产业具有风险性大的特点，更适合直接融资，并且大部分都属于中小企业，更适合中小型金融机构投资，我国以大型金融机构和间接融资为主，中小型金融机构和直接融资发展不足，金融结构与战略性新兴产业不匹配，满足不了战略性新兴产业的实际需要。第三，金融手段不能满足实际需要。战略性新兴产业属于风险投资领域，在金融市场上的主要载体是证券市场上的创业板块和中小板块，我国的风险投资发展不足，创业板和中小板块市场规模较小，其与主板市场之间尚未实现有效融合，风险投资运营机制和退出机制都不够健全，而且针对知识产权的融资手段还很不完善，质押评估和质押贷款都没有完善的体系与保障，对知识产权的信贷投放实施效果大打折扣。

战略性新兴产业的特点决定了它对资金的多渠道、长时间的需求，金融服务如果满足不了战略性新兴产业的需求特点，将使战略性新兴产业停滞不前。只有全方位地运用多样化的融资手段，利用证券融资、私募、民间借贷等多种方式，才能满足辽宁省民营经济战略性新兴产业发展的多样化资金需求。当前，辽宁省战略性新兴产业以国有资本为主，民营资本相对较少，战略性新兴产业面临着产业规模大，灵活性、积极性不足的局面。国有资本虽然庞大，但不可能覆盖到战略性新兴产业的方方面面，没有民间资本的参与，就不能从根本上解决创新动力和活力不足的问题，而创新动力和活力不足又会大大影响辽宁省战略性新兴产业发展的进程。

（三）辽宁省民营经济战略性新兴产业的发展目标

2016 年 11 月 16 日，国务院发布了《国务院关于深入推进实施新一轮东北振兴战略加快推动辽宁省经济企稳向好若干重要举措的意见》，针对当时东北地区经济形势的逆转，经济增长显著放缓现象，为稳定东北地区经济形势，缓解东北地区经济发展的压力，推动东北地区经济向好的方面发展提出一系列可实现的近期目标和可操作的措施。其中，推进创新转型、培育发展动力等目标和措施适用于辽宁省战略性新兴产业的发展。

1. 加快传统产业转型升级

在辽宁省建立一批传统产业转型升级示范园，在示范园中引进国家战略性新兴产业重点工程项目，建立辽宁战略性新兴产业投资基金，利用制造产业投资基金和辽宁战略性新兴产业投资基金大力投资示范园中的项目，鼓励重点工程优先采用示范园生产的机器设备，积极开拓战略性新兴产业国际市场，提升示范园产业在国际上的竞争力。

2. 加强创新载体和平台建设

深入推进辽宁全面创新改革试验，加快建设辽宁"双创"示范基地，推进辽宁各城市双创平台建设，支持辽宁各地方培育创建战略性新兴产业创新示范区，支持辽宁省各地方开展战略性新兴产业投贷联动等金融改革试点。鼓励辽宁各地方设立战略性新兴产业投资基金，将国家预算内投资与辽宁各地方战略性新兴产业投资基金进行整合，设立辽宁省战略性新兴产业整合专项。

3. 大力培育新动能

加强辽宁省信息基础设施建设，促进辽宁省信息产业发展，积极打造制造业"互联网＋"的"双创"平台，积极引进知名互联网企业与辽宁战略性新兴产业的合作，促进辽宁"互联网＋"制造业的发展。加强辽宁省大数据综合试验区建设，积极引进知名大数据企业与辽宁战略性新兴产业合作，增强新兴产业的自主研发能力，提高新兴产业的市场竞争力。

（四）辽宁省民营经济战略性新兴产业发展的金融支持措施

在金融支持方面，国务院的新一轮东北三省振兴战略对东北三省的间接融资和直接融资都提出了具体的指导性措施与方案，其核心思想是通过拓宽企业融资渠道和减少企业融资成本来激发、培育东北三省战略性新兴产业的创新和发展的动力与活力。但是，对于上述分析中辽宁省战略性新兴产业可能存在的问题，应该更有针对性地、更细致地为辽宁省战略性新兴产业的发展提供金融支持。

1. 根据辽宁省民营经济战略性新兴产业的技术特点，提供多样化和个性化的金融服务

以知识产权为基础的新兴产业，如人工智能等，在研发阶段投入大量的资金，鼓励有实力的智能制造类企业开发人工智能，为人工智能项目提供优先的资金支持。在新兴产业初创阶段，大力引入各类风险投资，给予新兴产业专业性的融资；在新兴产业成长阶段，要以资本市场融资为主，以银行信贷为辅；在新兴产业成熟阶段，要以银行信贷为主，辅以消费信贷，做大做强新兴产业。对与国外高新技术企业合作的新兴产业，如先进环保企业，在其进口外国先进机器设备时，要通过各种信贷方式帮助企业规避贸易风险和汇率风险，如进口信贷和出口信贷、外汇套期保值、租赁融资等。对传统技术转型升级的企业，如新兴发电企业，建立传统技术转型升级专项基金，利用制造产业投资基金和传统技术转型升级专项基金大力进行融资；对于兼并重组的传统企业，可以通过建立的新兴产业重组基金进行融资。

2. 根据不同的创业主体，金融支持要把握机会和力度

新兴产业中风电、新能源汽车等项目由大型国有企业主导，生物医药、电子信息、太阳能光伏产业中的许多项目，由资金实力雄厚的民营经济担任主角。对这些优质客户，银行要抓住机会，积极支持。有些新材料、节能环保等高科技企业的产品已顺利导入产业化且形成一定的经营规模，银行信贷可以优先支持，投资银行应积极进入辅导。对于那些技术发展前景不清晰的新兴产业，商业银行可以寻找担保公司、政策性银行或政府部门进行担保或背书，然后通过理财等创新融资方式为新兴产业进行融资。

3. 利用高新技术园区的"孵化器"功能为新兴产业提供金融支持

高新技术园区拥有系统化综合性的服务优势，可以全方位和立体化地为新兴产业提供各种金融服务，通过高新技术园区为新兴产业提供信贷、证券、保险和信托等综合融资方式与手段来解决融资难题。

4. 运用金融专业技术和手段为民营经济战略性新兴产业的发展做可行性论证

金融机构对企业进行融资时要进行资信调查、信用评估和经营状况分析，金融机构在对新兴产业项目了解的基础上为其进行经营的可行性论证，帮助其规避风险，走上正确轨道。对于有可能上市或即将上市的新兴产业，证券公司和投资银行可以帮助他们做上市准备工作，厘清产权，完善公司治理；会计机构可以帮助他们厘清财务；法律机构可以帮助他们厘清法律关系。

5. 建立金融和战略性新兴产业共享平台，为新兴产业的知识产权和科技项目提供融资所需要的各种服务

一是在全省建立新兴产业投融资信息共享平台，将辽宁省各地区金融与知识产权信息资源都纳入信息共享平台。将辽宁省各地区新兴产业的代办股权转让系统对接起来，将它们联系到一起，统一标准，共享信息资源。二是在全省建立对新兴产业科技项目的评估体系，将辽宁省各地区的新兴产业科技项目都纳入此评估体系中来。三是将银行、证券、保险和信托等金融机构与新兴产业的各行业协会联合到一起并建立适用于新兴产业的企业信用评价系统。四是建立辽宁省碳排放权交易所，打造辽宁省碳排放权交易平台，发展碳金融市场，通过碳金融市场推动节能环保、新能源的发展。

6. 创新财政支持性政策以及财政政策与金融配合的方式和手段

辽宁省各地区政府要充分了解战略性新兴产业的特点，结合其特点对传统的财政补贴政策、政府采购政策、税收减免政策等财政支持性政策进行创新，在原有的财政补贴政策的基础上推出具有鼓励和激励效应的引导性财政政策，使得所支持的新兴产业项目变得更加市场化，对民间资本更有吸引力，能够引导民间资本建立新兴产业投资基金。在原有的政府采购政策基础上推出能够引领市场消费潮流的财政政策，也可以创新政府补贴消费政策手段鼓励和引导新兴产业的消费潮流，同时也能够吸引民间资本对新兴产业的投资。在原有对支持新兴产业的金融机构减免税收政策的基础上，创新对金融机构支持新兴产业的呆坏账核销程序，减少金融机构呆坏账的核销成本。通过减免资本收益所得税减少和降低新兴产业股权转让的成本。可在金融机构对新兴产业融资的基础上引入政策性银行，通过对新兴产业进行担保和设立专项基金来为新兴产业间接融资。例如，设立辽宁省产业转型升级基金，在辽宁省产业转型升级基金中嵌入新兴产业培育模块，与高校、科研院所、科技公司展开合作，促进科创集聚、人才集聚，促进科研成果本地转化，完成与区域资本市场的对接。以高薪、股权分配等激励机制吸引人才，吸引科创成果。与此同时，积极开拓市场，以市场高回报反哺人才。

7. 增加直接融资比重，发挥各类金融机构的优势

引导战略性新兴产业的民营企业通过债转股进行直接融资，充分利用股权交易所，以股权转让的方式进行直接融资。要充分利用国家优先支持股票公开发行并上市的政策，鼓励发展好的战略性新兴产业的民营企业积极公开发行股票和上市。商业银行要和证券公司、信托投资公司、保险公司和担保公司等合作，创新直接融资渠道、产品和服务。保险公司和再保险公司创新商业银行的信贷损失保险服务以及对保险公司的保险损失保险服务，降低金融机构对战略性新兴产业融资的损失风险。

8. 通过产融结合推动新兴产业的发展

由产到融方面，对已有的具备优势的新兴产业，如信息通信产业、光伏产业、粮食能源转化、汽车、装备制造业等企业，尤其是国有企业，通过资产证券化、成立金融公司等手段，不断实现产业链条的"新兴化""战略化"，并进一步开拓市场，加快技术到成果再到利润的转化。由融到产方面，鼓励地方性的金融机构、企业财务公司、金融公司、资产管理公司，入股新兴产业，或与高校、科研机构合作，成立新兴的产业。

五、辽宁省民营经济转型升级的金融支持路径

（一）以金融手段推动国有企业改革，释放民营经济活力

辽宁省的国有资产比重较大，在长期计划经济体制下，民营经济发展

活力不足，加大对国有企业的改革力度，加快国有企业金融化步伐，是实现辽宁省民营经济转型升级任务的重要着力点。国有企业进行金融化改革，可以采取以下措施。

推动辽宁省国有企业资产证券化，通过完善相关法律法规，制定合理的税收和会计制度，降低资产证券化成本，吸引培育多方投资者，促进投资主体的多元化，吸收民间资本。健全辽宁资产证券化市场，为资产证券化市场提供制度保障，提升国有企业信用水平，成立区域性的资产管理评估公司，对辽宁省国有企业的资产状况、资产管理水平进行开放公正的评估，保障多方投资者的权益。

积极落实国务院发布的《关于市场化银行债权转股权的指导意见》，推进国有企业改革、重组，推动商业银行设立债转股专项资金，建设地方资产管理公司，促进商业银行与区域重点国资企业"债转股"项目合作，以市场化方式进行资本运作，优化企业内部法人治理结构。构建专项基金与资产管理评估公司的双向合作机制，帮助本地国有企业进行资金融通、做大做强；对落后产业与夕阳产业进行整合、转型甚至淘汰。

推动产业资本和民间资本融合，促进国有企业的部分资本积极投入优质的民营企业，提高民营企业的实力，同时提高国有企业产业资本的盈利水平；与此同时，反过来促进民间资本积极投入优质的国有企业的生产中来，进一步提高国有企业的经营活力和市场竞争力，同时也扩大了民间资本的投资渠道。规范国有资本的产融方式，严格按照法律程序来运作，防范资本运作法律风险，尤其是要重视企业并购、资产重组过程中的法律风险。

（二）国家开发银行成立辽宁省产业转型升级基金，保障民营企业融资

针对辽宁省产业转型升级进程中的三大模块——"三产"转型升级模块、科技创新模块、新兴产业培育模块，倡导由国家开发银行牵头成立针对以上模块的专项资金，保障民营新兴产业发展和中小企业融资。

成立第一产业民营经济转型升级专项基金，促进辽宁省第一产业民营经济的转型升级，替代以往的对家庭农场、农民专业合作社的单项补助。确定"以市场力量为主导"的未来大农业发展方向。成立第二产业民营经

济转型升级专项基金，以市场化方式进行资本运作，推动产业链升级和产业链整合，提高本地科技成果转化效率；形成专项基金与资产管理评估公司的双向合作机制，帮助本地优势民营企业进行资金融通、做大做强；对落后产业与夕阳产业进行整合、转型甚至淘汰；引进、扶持民间资本，帮助中小企业解决融资难题。成立辽宁省第三产业民营经济转型升级基金，主要从两个方面对辽宁省的第三产业民营经济转型升级给予支持。第一，发展产业链金融，就是借助金融服务推动产业与产业之间的融合，使得农业与工业的淘汰产能和过剩劳动力融入服务业中；第二，针对当前辽宁省民营服务业自身的特点（小、散、弱、差），联合相关的地方性金融机构、财政资金，建立完善的辽宁省第三产业金融服务中介体系和机构，在为相关的"三产"企业提供融资便利的同时，更加注重对其提供现金管理、财务规划、咨询顾问、风险管理等服务。

与此同时，在辽宁省民营经济产业转型升级基金中嵌入科技创新模块，与高校、科研机构、国内发达地区和企业、国外发达地区和民营企业进行合作，推动辽宁省民营经济传统强势产业的升级，并积极参与国际分工，实现价值链延伸。此外，在辽宁省民营经济转型升级基金中嵌入新兴产业培育模块，与高校、科研院所、科技公司开展合作，促进科创集聚、人才集聚，促进科研成果本地转化，完成与区域资本市场的对接。以高薪、股权分配等激励机制吸引人才，吸引科创成果。同时，积极开拓市场，以市场高回报反哺人才。

（三）建立区域资本市场，帮助优质民营企业做大做强

建立健全多层次的区域资本市场，形成布局合理、功能完善的地方性金融体系。适度降低辽宁省民营企业上市门槛，帮助优质民营企业做大做强。通过差异上市门槛的区域资本市场丰富民营企业融资路径，打破过度行政化的金融资源配置模式的桎梏，改变过度单一的间接金融融资结构。完善辽宁省外汇交易市场，丰富辽宁省债券交易市场，健全辽宁省股权交易市场，建立辽宁省风险投资市场。

健全辽宁省股权交易市场，成立辽宁省股权交易中心，一方面依托辽宁省股权交易中心，形成辽宁省现代金融业地标，以此地标为核心打造金

融服务、住宿餐饮、现代物流、金融服务、商务往来、购物旅游以及会议会展等综合一体的区域金融中心（服务业产业集聚）；另一方面充分发挥区域性股权交易市场的融资功能，为辽宁省的民营经济转型升级提供金融资源。

搭建发展地方性的金融机构和金融产品交易平台，如辽宁省振兴战略融资平台、大连期货交易所、辽宁省资产管理评估公司、辽宁省金融中心、土地流转"三权分置"信息平台、区域征信平台、互联网金融平台、"互联网＋"产业园之金融服务平台、区域股权交易所、区域债券（企业债、地方债）交易所等。大力发展辽宁省地区商业银行、地方金融控股公司和农村信用社等，投资成立或入股跨国农业集团，通过跨国农业集团整合产业链，实现土地、农具、作物生产、农用器械、产品深加工、农业技术创新、资本运作、期权期货合约等整个产业链上下游的产品和服务的整合。在已有的国家高新技术产业开发区内部构建风险投资平台，与区域资本市场对接，为科技创新提供融资便利，形成"金融"＋"科技"的关联核心，形成高新产业风投资金集聚。整合区域内部的碳排放权交易所，搭建辽宁省碳排放权交易平台，形成碳金融市场，通过碳金融市场推动节能环保产业的发展。

开发、创新土地经营权融资产品及其金融衍生品，如辽宁省民营经济转型升级基金的相关融资产品、地方政府债券及其衍生品、大型骨干企业及国有企业债券及其衍生品、国有企业分置股权及其衍生品、新一轮辽宁振兴战略概念股、新一轮辽宁振兴战略项目的股权与债权金融衍生品。

（四）大力发展互联网金融，撬动民间资本

大力发展互联网金融和"互联网＋"。在政府层面，率先建立完善的征信体系，主动吸引区域外的先进互联网企业落户辽宁省，并给予相关的财税补贴优惠。以互联网金融平台撬动民间资本，整合社会资金，与三大产业转型升级基金形成双向互动机制，主打中小企业融资和普惠金融。积极探索"互联网＋"的服务业态，打造辽宁省"互联网＋"产业园，在资金和双方合作等方面给予政策支持与优惠待遇，同时积极引导、规范产业发展。

（五）区域差额存款准备金率，支持金融中介机构对民营企业贷款

按照信贷投放区域差额存款准备金率。根据中国人民银行对全国货币调控的"总量控制，区别对待"的原则，在中国人民银行确定的基准存款准备金率的基础上，对承担辽宁老工业基地改造重任的区域金融机构实行下浮加点。由中国人民银行总行赋予中国人民银行辽宁省地区分支行差额存款准备金率的管理权限，由辽宁省地区分支行根据辽宁省各地区民营企业的发展水平、民营企业的融资水平和金融机构对民营企业的信贷投放水平初步确定差额存款准备金率，然后上报给总行，总行根据分行评估结果对差额存款准备金率进行动态调节，以确定该地区金融机构差额存款准备金率的浮动幅度，最后批准分行执行。

按照产业政策和信贷政策情况落实差额存款准备金率。我国政府出台了产业政策与信贷政策，中国人民银行每年对金融机构落实产业政策和信贷政策的情况进行监督，对于辽宁省老工业基地改造重任的民营企业的信贷投放落实效果较好的金融机构在基准存款准备金率的基础上实行下浮加点，对于辽宁省老工业基地改造重任的民营企业的信贷投放落实效果不好的金融机构在基准存款准备金率的基础上实行上浮加点。

（六）区域差额利率，降低民营企业融资成本

辽宁省的民营经济缺乏活力，这导致辽宁省成为一块"金融高地"，表现为"外部资金不流入，内部资金进一步外流"，这一恶性循环导致市场化的金融支持方式难以奏效。因此，必须在宏观金融制度上给予政策倾斜，降低辽宁省的相对融资成本，实现"资源禀赋重构"。中央银行可以对辽宁省实行区域差额利率倾斜政策，以降低辽宁省民营企业的融资成本，即通过差别成本门槛把资金引进来；同时，为了防止资金的二次流失，由国家金融监督管理部门和国有商业银行通过银行窗口干预、资金监控等，确保资金流入辽宁省的同时，不会借壳流出，赚取利差。在执行区域差额利率政策吸引资金流入的同时，还可以辅以配合行业差别利率政策，对承担辽宁振兴任务的三次产业、科技创新产业及战略性新兴产业给予低利率倾斜的优惠，以优惠性利率扶持地方产业加快发展。

辽宁省民营企业产权保护机制的优化与创新

▶ 李重雨

民营经济是辽宁振兴发展的重要力量，在稳定增长、促进创新、增加就业、改善民生等方面都具有重要作用。但受多方因素的影响，民营企业产权保护一直存在法律法规体系不完善、政策支持力度不足、司法保护不健全等问题。

一、辽宁省民营企业产权保护机制建设的主要做法

党的二十大报告指出，"优化民营企业发展环境，依法保护民营企业产权和企业家权益，促进民营经济发展壮大。"民营企业产权的有效保障和实现，不仅是经济社会持续、健康发展的基础，也是全面深化市场经济体制改革的需要。辽宁省深入贯彻习近平总书记在新时代推动东北全面振兴座谈会上重要讲话精神，全面落实《中共中央、国务院关于促进民营经济发展壮大的意见》，在民营企业产权保护的法律法规建设、政策支持、司法保护、监管机制等方面取得了显著成效。

（一）全面推进知识产权保护与法律服务

2023 年以来，辽宁省认真落实工信部《关于开展 2023 年"一起益企"

中小企业服务行动的通知》、国家知识产权局等 17 个部门《关于加快推动知识产权服务业高质量发展的意见》，开展法律宣讲、法治体检、法律援助等活动，提高中小企业依法维权意识和能力。确定辽宁沈阳国兴知识产权代理有限公司等 10 家机构为 2023 年辽宁省知识产权服务品牌培育机构。编制并印发《辽宁省民营企业全生命周期法律服务工作方案》，围绕企业设立、运营、退出各环节，提供"零距离"服务。自方案实施以来，为全省 22 个重点产业集群所涉 517 家企业建立重点服务名单。公安机关依法审慎采取查封、扣押、冻结等措施，保护了民营企业产权和企业家合法权益。

开展辽宁省知识产权"亮剑护航"专项执法保护行动并印发实施方案，严厉打击侵犯商标、专利、地理标志等知识产权违法行为，充分发挥知识产权行政执法，加快知识产权强省建设，为民营企业营造良好的营商环境。此外，2023 年辽宁省检察机关还在全省开展"检察护企"专项行动，聚焦依法惩治犯罪、能动履行职能、着眼良法善治等重点方面，27 项工作举措涵盖刑事、民事、行政、公益诉讼四大检察业务，坚持治罪与治理相结合，服务保障民营经济健康发展。统计显示，2023 年辽宁省知识产权保护社会满意度为 86.14 分，比 2022 年提高了 1.5 分。

（二）加快完善政策体系，积极提供政策支撑

辽宁省通过相关政策的制定和实施，强化民营企业产权保护政策。2022 年 1 月，辽宁省发布了《辽宁省营商环境建设行动方案（2021—2025年)》，其中明确提出加强各类产权保护的重点任务。加速完善产权平等保护制度，依法有效保护不同所有制经济组织和公民的财产权。加大产权执法司法保护力度，完善涉企产权保护案件的申诉、复查、再审等机制，推进产权保护法治化。2023 年 11 月，辽宁省市场监督管理局发布《促进民营经济发展的若干措施》，从 4 个方面提出 27 条具体措施，进一步激发了辽宁省民营经济的发展活力，特别是在法治保障方面强调了民营企业产权保护的重要性，为全面振兴和实现新突破提供支持。与此同时，省内个别地区如丹东、大连以及鞍山等地还出台相关实施意见、法规学习提纲，从依法加强对民营企业权益的司法保护和优化营商环境的角度进一步体现了

辽宁省在民营企业产权保护方面的综合措施与承诺，持续优化民营经济发展环境，促进辽宁省民营企业健康、快速发展。上述政策实施后，省内形成了良好的示范效应，也为其他地区提供了可借鉴的经验，为实现全省经济社会的全面振兴和可持续发展奠定了坚实的政策基础。

（三）推进司法行政服务，助力营商环境优化

依法保护民营企业产权是经济持续健康发展的重要基础。2023 年以来，辽宁省采取了一系列举措加强对民营企业产权进行司法保护。首先，优化法律援助，为民营企业提供法律咨询和诉讼服务，帮助企业维护自身合法权益。其次，辽宁省不断优化司法审判机制，推进知识产权"三合一"审判机制，提高了知识产权侵权案件的审理效率和质量，有效保护了企业的知识产权。再次，辽宁省还加大了对知识产权侵权行为的打击力度，严厉打击侵犯企业知识产权和扰乱企业生产经营秩序的犯罪行为，维护了企业的合法权益。此外，辽宁省还积极推进涉企案件的合规改革工作，最大限度地降低司法活动对企业正常生产经营秩序的影响，为企业提供了更加稳定和可靠的法治环境。总之，辽宁省通过建立健全法律援助制度，优化司法审判机制，加大知识产权侵权行为的打击力度等措施，有效保护了民营企业的产权，为民营企业的发展提供了有力支持。

（四）监管机制建设

在监管机制建设方面，辽宁省采取了一系列措施加强对民营企业产权的监管。首先，辽宁省建立健全了企业权益保护工作联席会议制度，各级政府部门和相关机构通过联席会议协调推进企业权益保护工作，提高了监管效率和水平。其次，积极推进"最多跑一次"政策，优化行政审批流程，不仅减少了企业的办事成本和时间，也提升了监管的便利性和高效性。与此同时，辽宁省还加强了对行政执法活动的监督和检查，确保执法活动符合法律法规和程序规定，维护了企业的合法权益。最后，辽宁省还加强了对企业信用信息的管理和监管，建立了企业信用信息档案，加强了对企业的信用评价和监督，提高了企业守法经营的意识和能力。综上所

述，辽宁省在监管机制建设方面，通过建立健全企业权益保护工作联席会议制度、推进"最多跑一次"政策、加强对行政执法活动的监督和检查、加强对企业信用信息的管理和监管等措施，有效提升了监管水平和效率，为民营企业的产权保护提供了有力支持。

（五）社会监督机制建设

在社会监督机制建设方面，辽宁省采取了一系列措施促进对民营企业产权的有效监督。首先，辽宁省积极开展民营企业社会信用体系建设，建立健全企业信用信息档案，对企业的信用记录进行跟踪和管理，提高了企业守法经营的自觉性和自律性。其次，辽宁省加强了对企业经营活动信息公开的监督，建立了企业信息公开平台，向社会公开企业的基本信息、经营状况等，增强了社会对企业的监督能力。再次，辽宁省还鼓励和支持行业协会、商会等社会组织积极参与企业监督工作，发挥社会组织在监督和约束企业行为方面的作用。最后，辽宁省还建立了企业投诉举报机制，鼓励企业和社会公众对企业违法违规行为进行举报，加强了社会对企业行为的监督和制约。综上所述，辽宁省在社会监督机制建设方面，通过建立健全企业信用信息档案、加强对企业经营活动的公开透明、鼓励社会组织参与监督工作、建立企业投诉举报机制等措施，有效增强了社会对民营企业产权的社会监督能力，为维护企业产权提供了有力支持。

二、民营企业产权保护存在的主要问题

近年来，虽然辽宁省在民营企业产权保护方面取得了一定的进展，但仍存在法律法规体系不够完善、政策支持体系亟须加强、司法保护体系亟待进一步健全、监管机制存在漏洞和社会监督机制亟待完善等问题。

（一）法律法规体系不完善

辽宁省民营企业产权保护的法律法规体系存在不足，主要表现在法律法规的适用范围、可操作性和实施细则等方面。首先，法律法规在适用范围上存在一定的模糊性。例如，针对民营企业产权保护的法规可能未能清晰明确不同产权类型的保护范围和标准，导致企业在实际操作中难以准确把握法律底线，增加了法律风险。其次，法律法规在具体可操作性方面存在一定的难度。一些法规可能过于抽象，难以具体指导企业在实际经营中如何保护自身产权，或者在产权纠纷解决过程中应该如何行使自身权利，缺乏具体可操作性的指导。最后，实施细则方面存在不足。法律法规虽然有相关规定，但缺乏详细的实施细则，导致执行过程中容易产生歧义和漏洞。例如，对于企业产权保护的具体程序和标准等方面就缺乏具体规定，容易造成执行的不确定性。

（二）政策支持体系亟须加强

辽宁省民营企业产权保护机制中政策支持体系的问题主要表现在执行力度不够、覆盖面有限、支持力度不足等方面，这些问题制约了政策的有效实施，进而影响了民营企业产权保护的效果。首先，一些政策在执行过程中存在执行力度不够的情况，导致政策效果不佳。例如，虽然存在支持民营企业融资的政策，但由于执行不到位，很多企业仍然面临融资难题。其次，部分政策的覆盖面有限，无法满足不同类型、规模的民营企业的需求。例如，一些政策可能更适用于大型企业，而对中小微企业的支持不足。最后，部分政策的支持力度不足，无法有效解决企业在产权保护方面的实际问题。例如，对于知识产权保护的政策支持可能存在力度不足，无法有效鼓励企业加大对知识产权的投入和保护力度。

（三）司法保护体系亟待进一步健全

辽宁省在推进民营企业产权保护的过程中，司法保护体系亟须进一步健全。当前的司法体系在处理民营企业产权纠纷方面存在一定的局限性，主要体现在案件处理周期长、成本高、效率低下等方面。首先，许多民营企业在面临产权纠纷时，常常抱怨法律程序复杂、案件审理周期过长，这不仅耗费了大量时间和资源，同时也增加了企业的不确定性和风险。例如，一家民营企业因知识产权被侵权而提起诉讼，可能需要经过长达数月甚至数年的时间才能最终解决，其间企业可能面临严重的经营困难。其次，司法保护成本高昂，对于许多中小型民营企业而言，高昂的诉讼费用和律师费成为他们追求法律救济的一大障碍。这种高成本在很大程度上抑制了民营企业维权的积极性，导致许多侵权行为未能得到及时有效的制止。最后，司法保护效率低下也是一个突出问题。由于专业人才缺乏、技术鉴定复杂等，使得司法机关在处理一些技术性强、专业性高的产权纠纷案件时效率不高，难以在第一时间为民营企业提供有效的司法保护。总之，辽宁省民营企业产权保护机制在司法保护体系方面仍有待进一步健全，主要问题包括案件处理周期长、成本高、效率低等，这些问题严重影响了民营企业维护自身合法权益的能力和效率。

（四）监管机制存在漏洞

在辽宁省民营企业的发展过程中，监管机制的漏洞成为影响产权保护效率和效果的关键因素之一。这些漏洞主要体现在监管不足、执行力弱以及监管体系不完善等方面，使得产权保护存在明显的短板，进一步造成了民营企业的维权难题。首先，监管不足是一个突出问题。在实际操作中，由于缺乏有效的监督和管理，一些侵犯民营企业产权的行为没有得到及时的发现和处理。例如，某些地区对于侵权行为的监测不够有力，导致侵权行为频发且难以被及时制止。民营企业因此遭受了更大的损失，而侵权者却往往能够逃避法律的惩处。其次，执行力弱也是监管机制的一大漏洞。即便在侵权行为被发现后，由于执法力度不足，许多案件最终未能得到有效解决。比如，一些地方在处理侵犯民营企业产权的案件时，由于种种原因，不能对侵权行为做出及时和严厉的处罚，从而使得侵权行为得不到有效遏制。最后，监管体系的不完善也是造成监管漏洞的重要原因。现行的监管体系在某些方面未能与时俱进，难以应对新形势下产权保护的新要求。例如，对于网络环境下的产权侵权行为，由于监管体系滞后，很难进行有效的监控和管理，从而给侵权者提供了可乘之机。这些问题，严重影响了产权保护的效率和效果，亟须通过完善的监管机制加以解决。

（五）社会监督机制亟待完善

在辽宁省民营企业发展的过程中，社会监督机制的不足成为制约产权保护效果的一个关键问题。这种不足体现在社会监督力度不够、信息公开程度不高以及公众参与度低等方面，影响了产权保护的公正性和透明度。首先，社会监督力度不足是一个显著问题。由于缺乏足够的社会监督，一些侵犯民营企业产权的行为没有受到应有的关注和制止。例如，在某些案件中，由于公众对产权侵犯行为的关注度不高，相关的不正当行为并未及时暴露在公众视野之下，给侵权者提供了可乘之机。其次，信息公开程度不高也是社会监督机制的问题之一。在处理产权保护案件时，相关信息的公开不够透明，使得公众难以获得案件的详细信息，进而影响了公众对案件的监督和评价。例如，一些民营企业在遭受侵权时，相关案件处理的信息并未充分公开，使得社会各界不能有效参与到监督中来，降低了社会监督的效果。最后，公众参与度低也是一个问题。在当前的监督机制中，普通公众往往缺乏有效的途径参与到产权保护的监督之中。缺少对公众参与的鼓励和保障，使得社会监督的力量大打折扣。

三、优化和创新辽宁省民营企业产权保护机制的对策建议

（一）持续完善法律法规体系，为民营企业产权保护提供坚实保障

针对辽宁省民营企业经营过程中遇到的新情况、新问题，尽快研究并制定相关的地方性法规或政策，特别是在知识产权保护、网络安全、个人信息保护等方面。例如，可以借鉴国内外先进经验，针对新兴行业特点制定更为精细、具体的法规条款。对现有的与民营企业产权保护相关的法律法规进行全面梳理，及时修订不适应当前经济社会发展需要的条款。这包括但不限于对企业财产权、知识产权等方面的保护条款进行优化调整，确保法律法规能够适应新的发展环境。仅有完善的法律法规体系还不够，更

重要的是，要确保这些法律法规得到有效的执行。辽宁省可以通过加强执法队伍的培训、提升执法效能、使用科技手段提高执法的准确性和透明度等方式，确保法律法规得到切实有效的执行。通过举办法律知识讲座、发放法律知识手册、开展线上线下法律咨询服务等方式，增强民营企业家及其员工的法律意识，让他们了解自身权益如何得到法律的保护，以及权益受到侵害时如何通过法律手段进行维护。面对民营企业产权保护中遇到的紧急问题，辽宁省应当建立一套快速反应机制，包括但不限于快速受理投诉、迅速启动调查程序、短期内给出处理结果等。这样的反应机制能够确保民营企业遇到侵权等问题时，使问题得到快速有效的解决，减少损失。通过这些针对性的措施，辽宁省能够在法律法规体系方面为民营企业提供更加坚实、全面的产权保护，为民营企业的健康发展提供有力的法治保障，进而促进辽宁省经济的全面、高质量发展。

（二）进一步提供政策支持，不断巩固辽宁省民营企业抗风险能力

明确政策导向，增强政策的针对性和实效性。依据民营企业发展过程中面临的实际困难和需求，出台一系列具有针对性的支持政策。例如，对初创企业和小微企业，可以提供税收减免、融资支持、租金补贴等政策，帮助它们度过初创期的困难阶段。与此同时，对于技术创新、产品升级等方面表现突出的企业，应提供额外的奖励和支持，鼓励更多企业投入创新研发中来。建立健全产权保护的激励机制。通过建立健全激励机制，鼓励和保护辽宁省民营企业的知识产权。例如，对于成功申请专利、著作权的民营企业，给予一定的资金奖励或税收优惠。此外，对于积极采用高新技术改造提升传统产业的企业，也应给予政策倾斜和支持，以激励更多企业重视自主创新，增强产权保护意识。优化融资环境，降低民营企业的融资成本。通过政策引导和支持，帮助民营企业解决"融资难""融资贵"的问题。设立政府引导基金、鼓励银行和金融机构对民营企业提供低息贷款、增加对小微企业的信贷额度等。同时，开拓股权融资、债权融资等多元化融资渠道，为民营企业提供更加广泛的融资选择。加强产权交易和保护平台建设。辽宁省可以考虑建立和完善民营企业产权交易与保护平台，

提供在线服务，包括产权交易、维权援助、法律咨询等。通过这个平台，有效提高产权交易的透明度，减少交易成本，同时也便于企业在遇到产权纠纷时，能够及时获得专业的法律支持和服务。强化跨部门协同，形成政策合力。辽宁省应加强政府各相关部门之间的协调和合作，确保产权保护政策的一致性和连续性。建立跨部门的协调机制，实现资源共享、信息互通，避免政策出台和执行过程中的重复与矛盾，确保政策效果的最大化。开展定期评估和政策调整。辽宁省需要建立一套科学的政策评估机制，定期对现行政策的实施效果进行评估，并根据评估结果及时调整和优化相关政策。这种动态的政策调整机制可以确保政策始终紧贴民营企业的实际需求，有效解决民营企业存在的问题。

（三）健全司法保护体系，保障民营企业的合法权益不受侵害

辽宁省作为中国东北地区的重要经济中心，民营企业在其经济发展中占据着不可忽视的地位。然而，面对产权保护方面的挑战，尤其是在司法保护体系方面，存在一些亟待解决的问题。针对这一情况应加大对民营企业产权侵权行为的司法打击力度，特别是对知识产权侵权、商业秘密侵犯等行为。提高违法成本，形成高压态势，有效震慑潜在的侵权者。例如，制定更为严格的法律法规，明确侵权行为的法律责任和赔偿标准，确保受害企业能够获得足够的赔偿，从而有效维护民营企业的合法权益。此外，为了提高民营企业产权纠纷案件的审理效率和质量，辽宁省还应考虑建立专门的产权保护司法机构或审判庭，专门负责相关案件的审理工作。这些专门机构应配备对产权保护有深入了解和丰富经验的法官，以更加专业和高效地处理产权保护案件。同时，简化诉讼程序，缩短案件审理周期，对于提升民营企业产权保护的及时性和有效性至关重要。除了传统的诉讼途径外，辽宁省还应鼓励和支持民营企业通过仲裁、调解等多元化方式解决产权纠纷。这些非诉讼纠纷解决机制往往能够提供更为灵活、高效的解决方案，有助于缓解司法资源压力，同时也能够为企业节省大量的时间和成本。例如，可以通过建立产权保护仲裁中心或调解委员会，为民营企业提供专业化、个性化的纠纷解决服务。鉴于民营企业面对产权保护问题时往往缺乏足够的法律知识和资源，辽宁省可以通过提供法律咨询服务、举办

法律知识培训班等方式，帮助民营企业提高自身的法律意识和应对能力。同时，鼓励法律服务机构为民营企业提供低成本、高效率的法律支持，确保其在遇到产权侵犯时能够及时、有效地维权。面对全球化背景下产权保护的新挑战，辽宁省应加强与其他国家和地区的司法合作，特别是在跨境产权保护方面。通过建立国际协作机制，可以更有效地打击跨境侵权行为，保护辽宁省民营企业的海外产权安全。通过上述措施，可以显著优化和创新辽宁省民营企业产权保护的司法保护体系，为民营企业创造一个更加公正、透明、高效的产权保护环境，从而促进辽宁省经济的持续、健康发展。

（四）不断健全监管体系，确保各项政策措施得到有效落实

辽宁省民营企业作为地区经济发展的重要驱动力，其产权保护的有效性直接影响企业的健康发展和地区经济的稳定发展。然而，现有的监管机制存在一些漏洞，这些问题不仅影响了产权保护的效率，也对企业的正常运营造成了阻碍。首先，需要进一步完善涵盖产权登记、交易、保护等全过程的监管框架，确保每一个环节都有明确的法规指导和监管措施。比如，制定细化的产权登记和交易规则，加强对市场主体的监督管理，防止产权侵害和纠纷的发生。其次，针对监管漏洞，辽宁省应加强相关部门之间的信息共享与协作机制，形成合力打击侵权行为的强大网络。建立一个统一的信息平台，各监管部门可以实时共享企业产权登记、变更、侵权等信息，提高监管效率和准确性。再次，还可以考虑利用大数据、云计算、区块链等现代信息技术，提升监管工作的科技含量和自动化、智能化水平。例如，区块链技术在产权登记和交易过程中的应用，可以有效防止信息被篡改和伪造，保障产权交易的透明性和安全性。最后，加大对监管人员的培训力度，提升他们的专业能力和法律素养，特别是在新兴产权类型（如知识产权、网络虚拟产权等）的保护方面。确保监管队伍能够跟上时代发展的步伐，有效应对各种复杂的产权保护挑战。通过这些措施，可以有效地修补辽宁省民营企业产权保护机制中存在的监管漏洞，构建一个更加完善、高效、公平的产权保护环境，促进民营企业的健康发展和辽宁省经济的持续繁荣。

（五）强化社会监督机制，形成维护辽宁省民营企业产权保护的良好氛围

辽宁省在推动民营企业快速发展的同时，也面临着产权保护机制中社会监督环节的不足，这在一定程度上影响了产权保护的有效性和公众对法律公正性的信任。针对这一现状，强化社会监督机制是优化和创新辽宁省民营企业产权保护机制的关键一环。建立和完善社会监督平台。利用信息化手段建立一个包容广泛社会声音的产权保护监督平台。这个平台不仅应公开相关政策、法律法规，还应提供一个反馈机制，让公众可以直接报告产权侵犯事件，同时公开案件处理进度和结果，增加政府工作的透明度。加强与媒体的合作。政府应主动与新闻媒体、报纸杂志等合作，通过专题报道、案例分析等形式，普及产权保护的知识，揭露产权侵犯的行为，形成高压态势。此外，鼓励媒体跟踪报道重大产权保护事件的处理进程，以媒体的力量促进政府相关部门加大执法力度，提高公众对产权保护的认知度和满意度。鼓励民间组织参与辽宁省民营企业产权保护，支持和鼓励成立专业的民间组织，如产权保护协会、消费者权益保护组织等，让这些组织在产权保护中发挥桥梁和纽带的作用。这些组织可以代表公众和企业的利益，参与政策的制定、监督、评估，同时提供法律咨询、纠纷调解等服务，增强产权保护的社会力量。创新社会监督方式。借助互联网、大数据等现代技术手段，创新社会监督的方式和方法。例如，通过社交媒体、官方网站等渠道来收集公众对产权保护的意见和建议，或是开发相关 App，使公众能够轻松报告侵权行为，查询相关法律法规，了解民营产权保护的最新动态。提升公众的产权保护意识。通过教育和培训，提升全社会的产权保护意识。辽宁省可以在学校、企业、社区等多个层面开展产权保护的宣传教育活动，特别是对青少年进行产权保护教育，从小培养他们尊重产权的观念，为长期维护良好的产权保护环境打下基础。优化法律援助服务。对于无力承担法律服务费用的小微企业和个人，辽宁省应提供法律援助服务，保障他们的合法权益不受侵害。通过政府购买服务、社会捐赠等多种方式，资助法律服务机构为这些群体提供免费或低成本的法律咨询、代理等服务。

　　民营企业作为辽宁省经济发展的重要力量，其健康、快速的发展离不开一个公平、透明、高效的产权保护机制。针对辽宁省民营企业产权保护存在的问题，我们提出了一系列针对性的优化和创新对策，旨在通过完善法律法规体系、加大政策支持力度、优化融资环境、健全司法保护体系、修补监管机制漏洞以及完善社会监督机制等，为民营企业创造一个更加稳定、公正的营商环境。当然，实施这些建议需要省政府的坚定领导、相关部门的密切配合以及社会各界的广泛参与。只有形成政府引导、部门协同、社会参与的工作格局，才能真正提升辽宁省民营企业产权保护的整体水平，激发民营经济活力，促进辽宁省经济社会的全面发展。最后，优化和创新辽宁省民营企业产权保护机制是一个长期、复杂且持续的过程，需要我们不断探索和完善。希望辽宁省能够以此为契机，持续推动产权保护制度的改革创新，营造更加优质的营商环境，为辽宁省的繁荣发展注入持久动力。

辽宁省部分城市民营经济发展概况

▶ 谢　睿　彭锦华　李　军

一、沈阳市民营经济发展分析

（一）沈阳市民营经济发展概况

截至 2023 年底，沈阳市实有经营主体 132.1 万户，同比增长 18.0%，其中民营经营主体 127.8 万户，同比增长 18.4%，占经营主体总量的 96.7%。2023 年，全市民营经济增加值 3554.3 亿元，同比增长 5.7%，占全市的 43.8%；民营经济实现税收 539.8 亿元，同比增长 20.4%，占全部税收的 43.3%。累计认定国家级"专精特新""小巨人"企业 82 户，省级"专精特新"中小企业 756 户，创新型中小企业 1195 户，科技型中小企业 14804 户。民营经济高质量发展质效显著提升。

（二）沈阳市促进民营经济发展的具体做法

2023 年，沈阳市出台了《沈阳市促进民营经济高质量发展三年行动计划（2023—2025 年)》《沈阳市促进民营经济高质量发展若干政策措施》《沈阳市构建新发展格局打造高质量营商环境行动方案》等政策，其中不乏全省首创，乃至全国领先的创新之举。经测算，这些政策将提供支持企业发展的各项财政资金约 9 亿元，为企业减免、缓缴、返还各类费用超 35 亿元。

建立的"惠帮企@链上沈阳"助企发展工作制度，成功入选"中国改革 2023 年度地方全面深化改革典型案例"。为民营企业建立了"24 小时不打烊"的掌上服务大厅，健全主要领导亲临一线指挥机制，建立分级诉求办理、社会化服务体系和考核监督制度，累计办理企业诉求 3.5 万件，撮合企业对接 8450 家次，政企互动日均 2000 余次，企业获得感明显增强，本地企业关联度显著提升。创新"只提交一次材料"改革，以"材料"为核心，重构政府行权流程、数据共享方式和线上服务模式，助推政务服务数字化转型，提升企业群众办事便利度，累计优化、调整 780 项政府职能，2435 项申请材料和信息"只提交一次"或免予提交，上线 1123 个智能化服务场景，全市依申请事项网办率达到 94.2%，相较以往，平均申报时间缩短 68.2%。

完善优质企业培育机制，多措并举提振民营企业中小企业的发展信心。打好企业培育"组合拳"。落实"小升规""规升巨""专精特新""单项冠军"支持政策，228 户企业实现"小升规"，40 户企业实现"规升巨"，新获评国家"专精特新""小巨人"企业 15 户、省级"专精特新"中小企业 320 户、省级创新型中小企业 1195 户、省级制造业单项冠军 18 户。

建立健全企业服务体系。印发并实施《沈阳市促进民营经济高质量发展三年行动计划》。新培育中小企业公共服务平台 16 个、中小微企业创业创新示范基地 5 个。9 个项目进入省"创客中国"大赛获奖名单。开展清理拖欠企业账款工作。成立解决拖欠企业账款工作专班，统筹财政资金、申请专项债券等来拓宽清偿资金来源渠道，圆满完成清理拖欠企业账款工作。

（三）2024 年沈阳市民营经济发展目标与措施

2024 年，沈阳市工信局会同市发改委等部门积极为民营经济发展指明方向和制定政策，研究并制定了《沈阳市 2024 年促进民营经济高质量发展行动方案》。方案明确，全市促进民营经济高质量发展的体制机制要更加健全，政策体系要更加完善，民营经济发展水平和质量要明显提升。力争民营经济增加值占全市 GDP 比重、民间投资占全市固定资产投资比重均达到 50% 左右。

2024 年，沈阳市主要开展以下 7 项工作来促进民营经济高质量发展。

第一，开展经营主体培育专项行动。行动包括推进经营主体培育计划、强化载体建设、加强创新创业服务、支持自主创业、加快培育优质中小企业 5 项举措。以"提质量、优结构"为目标，推进培育和壮大经营主体规模，加大对自主创业群体的支持力度，全年计划发放创业担保贷款 5 亿元。培育"专精特新"中小企业 100 户以上，培育规模以上工业企业 200 户以上。第二，开展中小企业数字化转型专项行动。行动包括鼓励民营企业参与乡村振兴、引导制造业民营企业向高端化转型升级、大抓工业领域绿色低碳发展、实施中小企业数字化转型普及行动、推进制造业智能转型示范提升行动、支持民营企业助推服务业转型 6 项举措。力争培育市级及以上农业产业化重点龙头企业不少于 30 家；培育数字化转型中小企业 300 户以上；培育 30 个省级以上工业互联网平台，上云企业达到 4000 户；新建互联网医院 5 家以上，市级电商直播示范基地 3 家以上，打造"一机游沈阳"数字文旅平台。第三，开展创新能力提升专项行动。行动包括加强科技型企业培育、构建科技创新平台体系、促进科技成果转化 3 项举措。2024 年，大力建设和发展大学科技园、创业吧、科技成果转化和产业化基地等 100 家科技成果转化承接载体。全市科技型企业总数超过 2.5 万家，国家高新技术企业数量达到 5900 家。第四，开展提升民营企业竞争力专项行动。行动包括完善社会化企业服务体系、建立健全民营企业家培训体系、加强民营企业人才引育 3 项举措。坚持人才"全周期"服务理念，完善人才"引、育、用、留"服务体系。第五，开展融资促进专项行动。行动包括改善民营企业金融服务、支持民营企业直接融资、加快完善融资担保体系 3 项举措。常态化开展银企对接活动，实施资本市场培育工程，继续推动政府性融资担保机构发展。第六，开展促进开放合作专项行动。行动包括鼓励民营企业开拓国际市场、支持民营企业参与区域经济合作、引导民营企业利用各类经贸平台开展合作交流、深化企业对接合作、引导民营企业加强标准化建设等举措。第七，开展优化发展环境专项行动。行动包括优化政策环境、政务环境、市场环境、法治环境 4 项举措。持续梳理并落实各级各类惠企利民政策，分批次出台"免申即享""直达快享"清单，及时公示，动态更新。持续开展防范和化解拖欠中小企业账款专项行动，推动拖欠企业账款问题限期办结，切实维护中小企业的合法权益。

二、大连市民营经济发展分析

（一）大连市民营经济发展概况

2023 年，大连市新登记经营主体 13.89 万户，比上年增长 16.68%。其中，新登记企业 4.97 万户，增长 10.57%；新登记个体工商户 8.87 万户，增长 20.05%。年末全市经营主体 96.39 万户，比上年末增长 7.11%，民间投资增长 1.1%。

（二）大连市促进民营经济发展的具体做法

1. 完善民营企业用人机制

近年来，大连市围绕支持民营中小企业发展，重点强化人才支撑，用真金白银来支持企业引才用人。具体措施如下：一是实施"兴连英才计划"。聚焦高层次人才、重点产业紧缺人才、技能人才和高校毕业生 4 类人才对象，实施住房保障、薪酬补贴、创新创业支持等措施。2023 年，市本级财政列支 12.5 亿元，用于支持各类人才发展。二是支持紧缺人才开发。每年编制并发布城市发展紧缺人才开发目录，涵盖六大产业领域 20 个行业、500 余个紧缺岗位。三是提供人才特惠服务保障。重点是保障高层次人才医疗保健、子女入学等方面的特殊需求。民营企业符合条件的人才可申报享受。

2. 关于激活民营企业管理机制

贯彻落实《中共中央、国务院关于营造更好发展环境支持民营企业改革发展的意见》精神，鼓励民营企业改革创新，引导民营企业加快建立治理结构合理、股东行为规范、内部约束有效、运行高效灵活的现代企业制度。截至 2023 年 6 月，已有 14 家民营企业获得"辽宁省民营企业建立现代企业制度示范企业"称号。不断强化示范引领和政策支持，突出典型示范和带动作用，大连民营企业建立现代企业制度的意识普遍提高，竞争实力和发展活力随之明显增强，涌现一大批在全国同行业具有竞争优势的优质企业。另外，市工信局对规上工业企业管理咨询项目的实施情况进行了调研，进一步了解规上工业企业管理中存在的问题和管理需求意向，拟通过组织企业参加全省"精益管理培训"和"精益管理进企业"等系列活动，引导工业企业增强管理创新理念、深化信息技术应用、创新商业运营模式，全方位提升企业市场竞争实力。

3. 优化民营企业金融服务

出台《大连市促进企业融资实施方案》，成立大连市促进企业融资专班，按照科技成果转化、孵化、初创成长、成熟壮大、高质量发展五大阶段为企业提供全周期融资服务。举办"百家券商进万企""百家基金进万企""百名保荐进万企"活动，建立以民营及中小企业为主的5000家上市企业培育库、500家上市企业后备库和100家上市企业申报库，形成"六个一批"梯次培育体系。落实企业上市"专班制"和"服务秘书制"。为民营及中小企业等近百家重点拟上市企业建立专班制、服务秘书制或精准服务台账，多次赴中国证监会、交易所争取支持，协调解决上市问题，加快上市进程。加强培训、走访指导。组织上市座谈会、培训会、对接活动共27次，深入走访企业67家次，面对面为企业答疑解惑。

4. 持续加大政策宣传与扶持力度

大连市结合实际，丰富政策，满足企业需求，在对现有扶持中小企业政策措施进行全面、系统梳理的基础上，出台针对性更强的支持政策。在政策宣传方面，各相关部门通过深入走访企业、开展专题调研等形式了解企业所需、所想、所盼，为企业提供纾困"政策锦囊"。市税务局依托"爱连·塔可思"智能问办平台精准筛选符合条件的纳税人、缴费人，实行"点对点""一对一"精准推送。通过各级新闻媒体发布优惠政策宣传稿375篇次，通过大连税务微信订阅号、"抖音"等新媒体平台发布图解、漫画等多种形式的媒体宣传作品636件。

三、鞍山市民营经济发展分析

（一）鞍山市民营经济发展概况

2023年1～6月，全市民营经济总共31.813万户，同比增加5.63%，民营经济税收同比增加 49.4%。获评 20 户国家级"专精特新""小巨人"企业、18 户省级"专精特新""小巨人"企业、84 户省级"专精特新"中小企业，141 户企业获评省级创新型中小企业。

（二）鞍山市促进民营经济发展的主要举措

1. 为民营企业发展搭建平台

举办鞍山钢铁 2023 年供应商大会分论坛——"稳定鞍山钢铁供应链对接会"，千山区政府与 20 户域外供应商签约；鞍钢设备资材与鞍山域内 8 户企业签约，签约总额 2 亿元。组织召开"中国·鞍山菱镁产业高质量发展大会"，共签约项目 23 个。其中，投资合作项目 16 个，总投资额 143.19 亿元；产品供销合作项目 3 个，总金额 1.7 亿元；技术合作项目 4 个。海城西柳超鹏服饰等 11 家本土品牌联合参展中国国际服装服饰博览会，与客商达成合作意向 200 多单，供货额突破人民币 2000 万元。

2. 及时掌握民营企业需求，解难题、办实事

依托中小企业公共服务平台积极为民营企业开展服务，选派优秀干部驻企帮扶。2023 年上半年，依托鞍山市中小企业公共服务平台开展各类活动 89 场次，累计参会企业 200 余家，累计参会人员 3000 余人次。在"领导干部进企业 服务振兴新突破"行动中，帮扶干部收集整理各级惠企政策，急企业所急、想企业所想，不仅当好政策的"派送员"，更当好政策的"讲解员"，打通政策贯彻执行"堵点""卡点"，为企业提供精准的政策服务。针对不同行业、不同领域的企业，按照"一企一策"原则制定有针对性的政策讲解方案，从国家产业政策走向、行业市场发展趋势出发，帮助企业梳理各级政策，与企业共同研究转型升级路径，引导企业高质量发展。

四、锦州市民营经济发展分析

（一）锦州市民营经济发展概况

截至 2023 年 12 月，锦州市实有民营市场主体 255714 户，同比增长

14.81%，2023 年 1～12 月新增民营市场主体 51386 户，同比增长 64.78%。民间固定资产投资与 2022 年同期相比增长 0.1%。截至 2023 年底，全市拥有科技型中小企业 1583 户，累计新增 660 户，拥有高新技术企业 224 户，拥有瞪羚企业 31 户、雏鹰企业 98 户，全市拥有创新型中小企业 85 户、"专精特新"中小企业 72 户、国家级"专精特新""小巨人"企业 14 户。

（二）锦州市促进民营经济发展主要措施

1. 落实与推广公平竞争审查制度

（1）落实《公平竞争审查制度实施细则》，做到应审尽审，全面排查各类显性壁垒和隐性壁垒，系统解决对民营企业额外设置准入条件问题，坚决防止出台含有排除限制竞争内容的政策措施。创新性开展政府采购和招标投标竞争状况专项评估，聘请省内权威专家严格审查限定招标人所在地、所有制形式、组织形式，或者设定其他不合理的条件排斥或者限制经营者参与招标投标、政府采购的各类政策措施。

（2）开展"市场主体年"公平竞争政策实施情况大调研活动。为深入贯彻落实锦州市"全面振兴新突破三年行动"暨"市场主体年"动员会议精神，市场局 3 月开展"市场主体年"公平竞争政策实施情况大调研活动，4 月召开"市场主体年"公平竞争政策落实座谈会，8 月召开 2023 年公平竞争审查联席会议全体会议。

（3）在全省率先推出扶持培育个体工商户发展政策措施，在征求全市相关部门扶持培育个体工商户发展政策措施意见和建议后，7 月联合 19 个部门印发《锦州市扶持培育个体工商户发展政策措施》，从降低个体工商户经营成本、加强个体工商户金融扶持等六个方面制定了 23 条具体的工作举措。切实帮助个体工商户解决租金、税费、社保、融资等方面的难题。

2. 营造一流的助企环境

（1）开展"万人进万企"活动，营造一流的营商环境。召开"领导干部进园区进企业服务振兴新突破"暨"万人进万企"专项行动部署会议，全市抽调 1 万名党员干部联系 1 万户中小企业，将区域内所有企业和个体工商户全面覆盖。一是共收集国家、省、市各项助企纾困政策文件 149 件，在"万人进万企"培训大会上进行了政策汇编操作和解读工作，向企业发放惠企政策二维码，让万名干部亲自上门讲解政策，切实打通惠企政策落地"最后一公里"；二是对 345 户规上企业生产经营中面临的困难和问题进行深入剖析，结合实际，围绕涉及政策、资金、人才、配套等 8 类 20 项 387 个问题研究并制定解决措施形成报告，并建立推进解决的 82 个问题工作台账，加强分析研判，持续跟踪，为推动企业高质量发展提供保障。

（2）为优质企业在渤海湾机场、锦州南站开辟绿色通道。为优化营商环境，服务锦城优质企业，锦州市将在渤海湾机场、锦州南站为 100 家优质企业开辟 VIP 绿色通道，为企业家的出行提供最优的便利。

（3）开展工业企业"包保帮扶"工作。对全市 344 户规模以上工业基本情况进行汇总，以更准确地掌握企业产品结构，进行市场地位。拟定《2023 年市领导包保工业企业方案》，市级领导对 123 户规模大、增量大、贡献大、科技含量高的重点企业进行包保，各县（市）区领导对 221 户规上企业进行包保，聚力解决企业生产运行中的融资、人才、技术、要素保障等难题。

（4）市场局持续深化"放管服"改革，优化市场准入环境，一是在全市范围内全面推广企业开办"一网通办"平台的应用，将锦州市一般性企业开办时间压缩至 0.5 个工作日，最大限度地节约经营主体开办的制度性成本。二是与 4 家银行合作，在 9 个县、市、区共设置 13 台自助打照机，实现了企业开办"网上申请、后台审核、银行取照"审批模式，实现企业登记"全天候、零见面"审批，极大地方便了办事群众。三是大力提升政务窗口的服务水平，全市市场监管部门组织开展了"清风辽宁政务窗口"创建工作，力争打造独具特色的"市场监管特色样板服务窗口"，切实打通服务群众办事"最后一公里"。截至 2023 年，全市市场监管系统有 9 个综合窗口和 1 个基层所获评锦州"清风辽宁政务窗口"称号。

（5）开展"春雨润苗"专项行动。市税务局依托税源部门税企网格联络群推送落实好延续和优化实施部分阶段性税费优惠政策信息。实现"靶向服务"精准对接，开展"'一把手'走流程共画征纳同心圆"活动，要求"一把手"下沉一线、角色互换、帮办代办，及时发现和解决办税缴费过程中存在的问题。"巧开良方"、建立民营企业诉求有效收集、快速响应和及时反馈机制，做到"四个 100%"，即及时受理 100%、及时答复

100%、办结满意率100%、权益维护100%。对35456户纳税人进行信用等级评价。开展税银企专场对接会，为民营企业提供"一站式"精准融资服务。开展"上门服务"，对"专精特新"企业实现"政策找企"和"专家入企"，面对面指导企业知晓税收政策、享受税费红利。

3. 加强市场主体培育

（1）举办2023年"创客中国"中小企业创新创业大赛辽西区域赛。大赛以"辽西协同发展 校地联合创新"为主题，辽宁省工信厅、锦州市政府、辽西五市工信局等相关领导出席活动，辽西共93个项目同台比拼，最终32个项目成功入围全省决赛。

（2）组织企业参与各类培训。组织"专精特新"企业参加北京举办的民营企业改革发展培训会。带领辽宁天桥新材料科技股份有限公司企业代表参加由辽宁省工信厅在北京举办的民营企业改革发展暨"专精特新"中小企业培育培训会议，会议内容包含宏观政策解读、创新能力和技术推进、知识产权转化运用等，并参访了当地知名企业进行学习。

（3）组织企业参加辽宁省"小巨人"企业专属政策发布会。引导企业走"数字化赋能、科技成果赋能、质量标准品牌赋值"的发展道路，推动企业更多了解融资政策等。

（4）辽宁天桥新材料等5户企业获得"2023年度省级绿色工厂"称号，辽宁汤河子经济开发区获得"2023年度绿色园区"称号。

（5）优质中小企业和示范平台培育。一是2023年获创新型中小企业认定76家，"专精特新"中小企业22家，国家"专精特新""小巨人"企业4家；二是推荐申报"雏鹰""瞪羚""独角兽"企业10家，科技型中小企业今年累计注册589家；三是推荐辽宁宏拓新材料科技（集团）有限公司技术中心等6家研发机构申报省级企业技术中心；四是获得省级中小微企业创业创新示范基地一家。

4. 推动数字化转型升级

（1）搭建重点工业互联网平台。辽宁省工业和信息化厅对2023年省级重点工业互联网平台进行公布，共确定了24个平台，由工联智慧工业（辽宁）有限公司建设的锦州市工业互联网平台位列其中。截至2023年，锦州市累计培育省级工业互联网平台已达4个。

（2）与市发改委联合向上级推荐锦州丰安实业有限责任公司、宝钛华神钛业有限公司、辽宁天桥新材料科技股份有限公司、百威（锦州）啤酒有限公司4家企业（优秀场景6个、示范工厂1个）申报2023年度国家智能制造试点示范。

（3）组织筹备全球工业互联网大会。全面总结五年来工业互联网创新发展成效，组织谋划5个项目签约、3个重点企业进行工业互联网成果宣传。

5. 促进科技创新和成果转化

（1）科技成果转化成效显著。举办"振兴新突破、政企本地高校行"系列活动，先后与西北工业大学、西北农林科技大学、江南大学、南京农业大学、安徽工业大学、常州大学、中国农业机械化科学研究院等高校院所建立联络机制；锦州医科大学科技园被认定为省级大学科技园、辽宁锦州离子液体连续化微反应中试基地列入省级科技成果转化中试基地培育对象；新增省级技术服务机构5家，总数达到26家。截至2023年，全市登记技术合同成交额实现36.9亿元，超额完成全年登记技术合同成交额33.6亿元的省考核指标，锦州市登记技术合同成交额完成量位居全省第3位。

（2）科技支撑能力显著增强。锦州市先进有色金属材料产业集群被科技部认定为"国家创新型产业集群"，为打造具有全国竞争力的先进有色金属材料产业基地奠定了良好基础；成功承办锦州医药健康产业招商对接会，签约项目34个、签约金额105亿元；争取省以上科技计划项目76项，获省科技专项资金3208万元，其中，6个项目列入2023年辽宁省"揭榜挂帅"科技攻关项目，获省专项资金1400万元，项目及资金数均居全省第3位（仅次于沈阳、大连）；12个项目列入辽宁省应用基础研究计划，获专项资金360万元，数量位居全省第3位（仅次于沈阳、大连）；4个项目列入辽宁省中央引导地方科技发展资金项目，获专项资金360万元。落实市本级年度科技专项资金1412万元，其中，安排企业后补助资金1362万元，占科技专项资金的96.5%，涉及企业主体140家。

（3）科技人才引育成效凸显。牵头制定《锦州市创业创新"百千万"工程三年行动方案》《锦州市"领军人才＋创新企业"三年行动计划》；争取省级农业科技特派团8个，选派市级农业科技特派员12人；评选高水平创新创业人才团队10个，引进"带土移植"创新创业人才团队5个，6

个科技创新人才团队被评为辽宁省"兴辽英才计划—带土移植"团队。成功举办第十二届中国创新创业大赛（辽宁赛区）锦州地方赛暨第五届锦州创新创业"大学科技园杯"大赛，并承办 2023 年辽宁省创新创业大赛新能源行业赛，锦州市辽宁联友博科技有限公司获辽宁省新能源成长组一等奖。

6. 组织企业参加展会，拓展国际与国内市场

（1）组织锦州阳光能源、陆吾科技、汉拿电机、捷通铁路、希尔达汽车、锦恒汽车安全系统、新锦化、万友机械等 8 家企业参加第 21 届中国国际装备制造业博览会。参展产品涉及汽车零部件、轨道交通、电子光伏、民用航空、压缩机五大产业 40 余种产品，制造业博览会充分展示了锦州市装备制造产业基础雄厚、产业门类多、产品竞争力强等特点。

（2）组织锦州百合食品有限公司、锦州笔架山食品有限公司、辽宁道光廿五集团满族酿酒有限责任公司、凌海市展望生物科技有限公司、辽宁绿源肉业及锦州九丰食品有限公司共 6 家企业参加 2023 年辽宁省轻工业品牌创新升级推广活动。其中，辽宁道光廿五集团满族酿酒有限责任公司董事长张慧参加辽宁电视台论坛。

（3）组织锦州市锦州锦恒汽车安全系统股份有限公司、锦州天晟重工有限公司两家企业参加 2023 年中国国际服务贸易交易会平台线上展示活动；组织锦州阳光能源有限公司、辽宁春光制药装备股份有限公司、辽宁英冠高技术陶瓷股份有限公司等 3 家企业参加第九届中国（上海）国际技术进出口交易会。

（4）积极组织外贸企业开拓国际市场。2023 年，市商务局共组织 24 家次企业参加境内外重点国际性展会 6 场，并积极帮助企业争取免费展位，为符合条件的企业争取特装费、展品运输费补贴等一系列优惠。其中，组织笔架山食品、世通新材料赴俄罗斯叶卡捷琳堡参加第七届中俄博览会；组织凌海展望食品、富源玻璃、铁工养路设备、黑山欢脆食品等 11 家企业参加第十四届辽宁省跨国采购洽谈会，现场达成意向订单额近千万元；此外，组织阳光能源、百通食品、公略焊接、九泰药业等 9 家企业赴日本大阪参加第四届辽宁出口商品日本展览会，在展会期间召开阳光能源与日本夏普公司项目对接座谈会，并就夏普公司拟投资锦州阳光能源日本屋顶多主栅组件产线升级改造项目进行洽谈对接。

7. 发挥市场主体活力，保用工促就业

（1）市人社局、工信局联合召开重点企业用工对接会。会议邀请了渤海大学、锦州机电职业技术学校，以及辽宁信伯人力资源服务有限公司、辽宁合盛人力资源服务有限公司两家经营性人力资源服务机构与中信锦州金属、龙宇新材料、锦恒汽车、康泰润滑油等8家企业展开对接活动。

（2）市人社部门组织并开展"春暖锦城·援企护航"保用工促就业助振兴行动（2.0版）。2月，举办"春风行动·就业援助月启动仪式"暨专场招聘会，现场吸引了120家企业、3000余名求职者分别前来招工和求职，活动现场共有180名求职者与企业达成初步的就业意向。3月，举办重点企业重大项目专场招聘会，110家重点工业企业参与招聘，共提供各类优质就业岗位2382个，涵盖机械、冶金、石油化工、医药、新能源等支柱产业所需岗位，同时吸引2000余名求职者参与洽谈会，现场有260余名求职者与企业达成初步的就业意向。

（3）2023年"双节"期间，市人社部门组织各县（市）、区集中开展2023年"双节"期间返乡农民工、高校毕业生专场招聘活动，全力促进重点群体就业，保障重点企业用工。据统计，共有321户企业参与招聘活动，提供就业岗位4800余个，达成就业意向127个，发放就业创业政策宣传资料5000余份，有力促进了农民工和毕业生就近就地就业，有效缓解了企业用工难问题。

（4）不断强化公共就业服务保障。在各级人力资源市场为民营企业招工开通用工保障服务专区和绿色通道。组织30余家企业赴西安、沈阳、大连、北京参加"市级领导进高校，集聚人才促振兴"沈阳高校宣讲推介活动、"天辽地宁聚英才 振兴突破创未来"清北大型人才引进活动和沈阳"东北亚"人才交流活动，全力保障重点企业用工。全市共组织各类招聘活动405场次，服务企业1.69万家次，提供就业岗位需求18.47万人次。

8. 优化公共法律服务

（1）持续开展民营企业"法治体检"活动。对全市60余家企业提供"一对一"的法律服务。组建44个"法治体检"法律服务专家团，组建服务企业涉外业务、金融业务律师服务团，以便更好地为企业提供相关的法律服务。律师服务团依托公共法律服务平台开通企业权益保障绿色通道，方便满足企业法律需求。截至2023年11月末，服务团成员先后到辽宁婵娟食品有限公司、锦州华阳实业有限公司、锦州电容器厂、锦州粮食集团、锦州供电集团、锦州市三菱电梯销售安装有限责任公司、锦州市北京烤鸭店有限责任公司、万仕特种变压器有限责任公司、黑山县亿利达汽车购销信息服务中心、黑山县隆丰农业有限公司等 60 余家企业开展"法治体检"活动，帮助企业化解矛盾、纠纷等。律师服务企业 61 家，开展法治宣传活动 157 场次，提供法律咨询 160 次，帮助企业梳理法律风险要点 130 个，为企业出具法律意见 36 份，帮助企业化解矛盾纠纷 43 件。

（2）成立"锦州律师法治宣讲服务团"。全市 55 家律师事务所参与，建立锦州律师专家库。根据民商事、刑事、婚姻家事与医疗、环境资源保护、企业破产与兼并重组、金融保险、财税与涉外、法律顾问、房地产与建设工程、行政、知识产权、网络与高新技术、非诉讼、仲裁、劳动与社会保障等 11 个专业领域建立 65 名律师专家库，全方位为企业生命周期提供高质量的法律服务。在全省率先成立律师法治宣讲团。截至 2023 年，宣讲团成员先后开展法治专题宣讲 26 场次，共为 2000 余人次提供解答咨询服务，受教育群众近万人次。

（3）持续落实便民利民惠民措施，畅通法律援助绿色通道，军人军属、残疾人等群体申请法律援助案件严格遵循优先受理、优先审批、优先指派制度。构建公共法律服务建设"线上+线下"体系，整合公共法律服务生态网络，为人民群众提供"零距离"法律援助，截至 2023 年，共受理法律援助案件 944 件。实行"无休日"工作制，优选 3 家律师所入驻公共法律服务中心并提供法律服务。截至 2023 年 11 月 30 日，解答热线咨询 11875 件，法网咨询 61 件，实体窗口接待咨询 9420 人次。热线总接通率 99.24%，15 秒接通率 99.24%，法网总接待率 100%。目前，热线总接通率在全省司法行政系统排名第一，其他各项指标均位于全省前列，市法援中心被评选为"辽宁省人民满意政法单位"。

（4）持续优化政务服务。市司法局行政审批科被评为锦州市首批"清风辽宁政务窗口"之一。组织开展清风护航政务"体验员"活动，38 名领导干部化身"体验员"，收集并反馈工作建议 29 条，对窗口提出整改意见 8 条。57 项政务事项全部开通网上办理，其中，"即来即办"由 5 项扩展至 33 项，"即来即办"事项达到全系统行政审批事项的 50% 以上；容缺受理事项由 26 项增加至 28 项；初审办结承诺时间缩短至 5 个工作日，缩短最长办理时限 15 个工作日，实现司法行政服务由"能办"向"好办""易办"转变。

五、营口市民营经济发展分析

（一）营口市民营经济发展概况

截至 2023 年底，营口市民营经济市场主体达 29.7 万户，占全部市场主体的 97.9%，其中，民营企业 6.5 万户，占全部企业数量的 90.8%；民营经济税收收入 156.34 亿元，占全部税收收入的 78.7%；民营经济从业人员占全市就业总人数的 90% 以上。

（二）营口市促进民营经济发展主要措施

1. 以完善体制机制为先手，健全民营经济发展服务体系

近年来，在服务和引导全市民营经济高质量发展的过程中，成立了市民营经济发展领导小组，在全省率先成立了市民营经济发展促进局，创新性组建了市民营经济发展研究中心，逐步形成了较为完善、成熟的服务组织架构。2023 年，组建市民营经济"两个健康"示范工作专班，进一步梳理并完善服务引导、保障落实等组织体系，为民营经济、民营企业健康发展夯实了基础。与此同时，着眼营口民营经济的发展实际，科学编制了《营口市民营经济发展"十四五"规划》，提出促进民营经济发展和创建民营经济示范的思路、目标、主要任务及保障措施，为"十四五"时期推动全市民营经济高质量发展提供重要指引。

2. 以深化法治引领为重点，增强民营经济发展法治保障

在人大立法规定每年 11 月 1 日为"营口民营企业家日"的基础上，制定并出台了地方性法规——《营口市促进民营经济发展条例》，并于 2023 年 11 月 1 日起正式实施，随后，其配套政策《营口市促进民营经济发展条例实施细则》也出台，着力用法规的硬措施保障市场公平竞争，用政策助力，鼓励并支持民营企业持续健康发展。同时，强化民营企业法律保障，成立民营企业"法治体检"律师服务团，实地为民营企业"问诊把脉"，增强企业管理人员依法经营意识，提升企业法律风险防范能力。特别是依托营口自贸区，创新性构建"融合云法庭"机制，打造线上线下一体化、云端互联融合庭审模式，显著提升司法效率，极大地降低了民营企业起诉成本，让民营企业合法权益更有保障。

3. 以推动政策落实为保障，提供民营经济发展政策支撑

持续推动创建新时代民营经济"两个健康"示范政策措施、《支持民营经济发展 100 条》等政策落实落地，制定并实施直达快享、免申即享政策清单，严防政策"悬空"，提高落实效率。与此同时，市本级财政每年安排 1 亿元民营经济发展专项扶持资金，对优秀民营企业进行奖励，兑现政策扶持资金 1.1 亿元，为民营企业加快转型、创新发展提供有力支持。同时，多措并举宣传惠企政策，通过主流媒体刊登全文和召开新闻发布会等方式进行专题政策解读，持续开展"走进企业送政策"活动，举办线上、线下各类培训、政策宣讲会 30 余场次，印发《政策汇编》4000 余册，切实用政策让企业"解渴"，给企业"减负"，帮企业"克难"。

4. 以优化营商环境为根本，打造民营经济发展良好生态环境

营口市获评"2023（区域）最具投资营商价值城市"，是辽宁省唯一获此荣誉的城市。近年来，营口不断优化营商环境，持续深化"放管服"改革，推进"一网通办"建设。目前，全市依申请政务服务事项实现100% 网上办理，90% 高频便民服务事项实现"掌上办""网上办""马上办"；开办企业线上办理流程压缩至 1 个环节、0.5 个工作日办结，小型社会投资项目压缩至 5 个环节、15 个工作日办结，政务服务效率显著提升。同时，全面推行"全国一张清单"管理模式，开展市场准入壁垒排查清理工作，实现"非禁即入"，切实消除准入许可、经营运营等方面的不平等。探索并形成"诚信政府建设新模式"被商务部评为自由贸易试验区第五批23 项最佳实践案例之一，辽宁自贸试验区唯一入选案例。全面开展"万件清理"监督行动，着力解决招商引资政策不兑现、拖欠企业账款等历史遗留问题，并持续完善信用体系建设，在 32 个领域建立行业信用分级分类监管制度，努力让守信者得实惠，让失信者受惩戒。

5. 以强化创新驱动为引领，推动民营经济发展提质增效

坚持创新生态、创新平台、创新人才"三位一体"建设，着力建立健全以政府投入为引导、企业投入为主体、全社会共同参与的多元化科技投入体系，全市研发投入强度达 2%，营口市成功入选全国创新驱动示范市，是全省唯一入选城市；推荐 8 个项目列入省"揭榜挂帅"科技攻关项目榜单，获批项目和争取资金数均创历史新高。特别是全力推动民营企业向"专精特新"企业发展，建立"创新型中小企业—专精特新中小企业—'专精特新''小巨人'企业"优质中小企业培育库，2023 年新增省级制造业单项冠军企业 3 户、省级"专精特新"中小企业 27 户、创新型中小企业 143 户。与此同时，着力构建以科技型企业为核心的"科技型中小企业—高新技术企业—雏鹰瞪羚独角兽企业"梯度培育体系，全年新增科技型中小企业 460 户、雏鹰瞪羚 40 户、高新技术企业 65 户。知识产权创造质量持续提升，1 户企业被确定为辽宁省高价值专利培育中心，营口市汽车保修检测设备行业专利联盟成为全省第一家列入国家产业知识产权备案管理系统的专利联盟。新获评国家知识产权示范企业 2 家，新获评国家知识产权优势企业 12 家。营口自贸区、站前区被评为知识产权强国建设国家级试点培育园区和试点培育县。以数字赋能为抓手，推动产业转型升级和提质增效，全面开展企业"上云用数赋智"工作，规模以上工业企业上云 200 余户。已建成并上线 5 个工业互联网标识解析二级节点，已累计接入企业 1400 户，标识注册量达到 3 亿个，解析量 1.1 亿次，三项数据均居全省前列。2023 年全年完成企业技术改造项目 101 个，入选省企业技术创新重点项目 111 个，1 户企业获评国家"2023 年度智能制造优秀场景"，9 户企业获评省级智能工厂、数字化车间。推动新兴产业强基础、扩增量，冶金新材料产值占比达到 19.1%，化工精细化率突破 51%，工业战略性新兴产业投资增长 29.4%，大石桥市获评"全省工业强县"。

6. 以解决企业难题为前提，破除民营经济发展"瓶颈"制约

在融资方面，依托"金小二"综合金融服务平台，推出创新型金融产品 168 项，为企业融资 127 亿元；与辽宁省农业信贷融资担保有限责任公司合作对接，累计为营口地区提供担保 14 亿元、项目 5924 个。营口自贸区在设立"三贷"中心（"首贷中心""科创贷中心""绿色贷中心"）的基础上，增加"续贷中心"和"外贸贷中心"，累计为 144 户企业融资 13.28 亿元，切实解决企业融资难题，"绿色贷中心"建设经验在全省推广。与此同时，创新实施链网协同新型供应链金融模式，获评"中国（辽宁）自由贸易试验区第四批改革创新经验"。在人力资源方面，先后出台人才智力柔性引进、高层次人才引进十条等政策措施，构建"1＋X"人才政策体系，制定企业人才需求目录、优惠政策"绿色通道"，为各类人才来营就业畅通信息渠道，扫清工作障碍。"营口市人才服务云平台"上线并运行，旨在帮助企业精准引才，拓宽企业与人才线上交流渠道，为企业和人才提供指尖上的"智能服务"。创建国家级、省市级人才、博士后科研工作站、博士后创新实践基地 14 个，培养省级有突出贡献人才 220 人。组织民营企业职称评审"直通车"4 批次，为 11 家企业 162 名专业技术人才提供服务。营口人力资源服务产业园获评省级人力资源服务产业园，2023 年全年共举办招聘会 545 场次，解决就业 1.8 万人次。加大企业职工技能提升培训支持力度，发挥院校在技能人才培养、评价方面的重要作用，开启"引企驻校"校企合作新模式，为企业培养订单式技能人才。组织并开展营口市第一届职业技能大赛，全面对标国家、省职业技能大赛，接轨世界技能大赛，设置 52 个赛项，全力构建以行业企业为主体、职业学校为基础、政府推动与社会支持相结合的高技能人才培养新模式。

附录1　辽宁省市场监督管理局促进民营经济发展的若干措施

辽宁省市场监督管理局

2023 年 11 月 30 日

　　为深入贯彻习近平总书记在新时代推动东北全面振兴座谈会上重要讲话精神，全面落实《中共中央、国务院关于促进民营经济发展壮大的意见》，提振我省民营经济发展信心，促进我省民营经济高质量发展，助力全面振兴新突破三年行动，确保市场监管总局促进民营经济发展的若干举措落到实处，制定如下具体措施。

一、持续优化民营经济发展环境

　　（一）破除市场准入壁垒。严格落实市场准入负面清单制度，推动各类经营主体依法平等开办经营。深化"证照分离"改革，优化行政许可服务，大力推进许可审批工作标准化、规范化和便利化。持续提升电子营业执照在政务事项办理、经营交易领域的应用水平，为经营主体提供更多便利。

　　（二）规范政务服务标准流程。清理规范行政审批、许可、备案等政务服务事项的前置条件和审批标准，不得将政务服务事项转为中介服务事项，没有法律法规依据不得在政务服务前要求企业自行检测、检验、认证、鉴定、公证或提供证明等。不得在《企业登记前置审批事项目录》《企业变更登记、注销登记前置审批事项目录》之外设置登记前置审批事项。

　　（三）全面落实公平竞争审查制度。探索建立涉及经营主体经济活动的重大政策措施会审制度。"严审增量、清理存量"，废止、修改妨碍统一市场和公平竞争的规定做法，坚持对各类经营主体一视同仁、平等保护。

（四）加大垄断案件查处力度。依法排查行政机关和法律、法规授权的具有管理公共事务职能的组织滥用行政权力，指定经营者、妨碍其他经营者进入相关市场、妨碍商品在地区之间自由流通等排除、限制竞争行为。

（五）推进企业信用风险分类管理。开展企业信用风险分类监管三年行动，推动企业信用风险分类结果在"双随机、一公开"监管中常态化运用，对信用风险低的 A 类企业，合理降低抽查比例和频次，不断提高分类的科学性和精准性。不断优化完善通用企业信用风险分类指标体系，推动在条件成熟的专业监管领域建立专业分级分类监管制度。探索对个体工商户实施信用风险分类管理。

（六）强化信用约束激励。加强经营主体严重违法失信管理，完善市场监管部门信用修复机制，优化信用修复流程和要件。通过国家企业信用信息公示系统依法依规公示企业相关信息，发挥公示对经营主体的信用约束激励作用。

（七）深入开展信用提升行动。全面推广信用承诺制度，围绕构建信用承诺、守诺核查、失信惩戒、信用修复闭环管理体系，便利经营主体以承诺方式取得许可或者修复信用。调整和优化信用修复工作流程和操作规范，实现更加便捷的服务管理。

（八）推动企业守信重信。按照市场监管总局工作部署，本着企业主导、自愿加入的原则，推荐我省符合条件的企业加入企业信用同盟，推动发挥诚信企业的示范作用。

（九）优化经营主体登记服务。促进经营主体注册、注销便利化，落实好普通注销制度、歇业备案有关制度。推行经营主体开办"掌上办"，提供设立、变更、注销等全流程手机端办理服务。推行简易注销登记，支持符合条件的各类经营主体通过简易程序便捷退出市场。

（十）实施包容审慎监管。落实包容审慎监管各项制度措施，符合"包容免罚"情形的，依法不予行政处罚。推行市场监管柔性执法，制定完善市场监管领域不予、从轻、减轻行政处罚事项清单和不予实施行政强制措施清单，规范行政处罚裁量权。

（十一）促进个体工商户持续健康发展。贯彻落实《促进个体工商户发展条例》，开展个体工商户培育三年行动。发挥促进个体工商户发展联席会议制度作用，实施个体工商户分型分类精准帮扶，建立完善个体工商户服务体系，推动实现全省个体工商户总量多起来、经营活起来、特色树起来。积极探索个体工商户转企业变更登记办理流程，降低转换成本。

二、加大对民营经济政策支持力度

（十二）深入开展经营主体信用监管数据质量提升行动。以数据标准化为抓手，全面梳理、排查公示系统和"互联网＋监管"系统归集公示的各类信用数据，健全数据治理规则，切实提升信用监管数据质量，增强权威性和可用性。为建立中小微企业和个体工商户信用评级和评价体系提供数据支持。

（十三）加强年报公示服务。为个体工商户提供更加便捷的年报服务。推进企业年报"多报合一"，引导企业依法主动及时公示相关信息。按照《保障中小企业款项支付条例规定》，做好大型企业逾期尚未支付中小企业款项的合同数量、金额的年报公示工作。

（十四）支持扶持政策直达快享。配合相关部门建立完善民营中小微企业和个体工商户支持政策"免审即享"机制。依托辽宁小微企业名录系统加强直接面向个体工商户的政策发布和解读引导。配合相关部门搭建民营企业、个体工商户用工和劳动者求职信息对接平台。

（十五）深化住所（经营场所）登记改革。建立完善与自然资源管理部门共享不动产登记信息工作机制，对于不动产登记信息核验通过的地址继续实行住所（经营场所）登记自主申报承诺制，申请经营主体登记时只需提交载明住所（经营场所）相关信息的承诺书，无须提交房屋权属证明和房屋租赁协议等其他证明材料。

三、强化民营经济发展法治保障

（十六）开展反不正当竞争"守护"专项执法行动。严厉打击侵犯商业秘密、仿冒混淆等不正当竞争行为和恶意抢注商标等违法行为。

（十七）深化部门联合"双随机、一公开"监管。统筹编制年度抽查计划，推进部门联合"双随机、一公开"监管，规范抽查工作程序，统一公示抽查结果。在全省实行监管事项清单管理，进一步完善随机抽查事项清单和重点监管事项清单，合理确定检查频次，避免多头执法、重复检查，减轻企业负担，提高监管效能。

（十八）深入推动公正文明执法行风建设。构建"预防为主、轻微免罚、重违严惩、过罚相当、事后回访"的闭环式管理模式，以行政执法服务公平竞争、保障高质量发展。推动开展跨行政区域联动执法。

（十九）持续开展涉企违规收费整治工作。着力减轻企业费用负担，激发市场主体活力，不断加大整治力度，进一步规范涉企收费行为，推动惠企政策落实落地。畅通涉企违规收费投诉举报渠道，建立规范的问题线索部门共享和转办机制，综合采取市场监管、行业监管、信用监管等手段实施联合惩戒，集中曝光违规收费典型案例。

（二十）规范企业名称登记管理。贯彻落实新修订的《企业名称登记管理规定实施办法》，构建统一市场制度规则，优化企业名称自主申报服务，规范名称登记管理秩序，强化名称使用和监督管理，健全名称争议行政裁决机制，维护企业合法权益，强化企业名称事中事后监管，督促落实企业主体责任。

四、推动民营经济高质量发展

（二十一）支持企业完善公司治理结构。支持非公司企业法人，按《公司法》转制为公司。引导民营企业完善法人治理结构、规范股东行为、强化内部监督，实现治理规范、有效制衡、合规经营。

（二十二）支持民营企业提升标准化能力。鼓励民营企业参与国家标准制修订工作，在国家标准立项、起草、技术审查以及标准实施信息反馈、评估等过程中提出意见和建议。鼓励民营企业参与标准化试点创建等活动，提升民营企业标准化工作水平。鼓励民营企业参与省级企业标准"领跑者"活动。配合省工商联开展团体标准"领先者"工作，向全国工商联推荐我省团体标准参加有关活动。

（二十三）推进小微企业认证提升。持续开展小微企业质量管理体系认证提升行动，组织帮扶培训，开展帮扶试点，不断提升中小微企业质量管理能力水平。

（二十四）持续开展"计量服务中小企业行"活动。组织计量技术机构选调专业技术人员组成技术服务小组，深入了解企业检测需求，为企业提供计量咨询和技术服务，帮助企业解决计量实际困难，引导企业采用先进的计量测试技术和管理方法，提升企业计量管理水平。鼓励支持民营企业参与计量测试中心建设，支持开展联合科研攻关，加大科研成果的转化应用和技术交流对接，提升民营企业先进测量能力。

（二十五）进一步规范网络市场秩序。按照市场监管总局工作部署，围绕重点任务，组织开展网络市场监管专项行动，积极推进网络市场监管与服务示范区创建工作。

（二十六）强化融资对接服务。发挥市场监管部门大数据和职能优势，深化与金融机构合作，深入开展"千亿送贷助力三年行动"活动，协调金融机构不断创新推出贴合民营经济发展需求的金融产品和服务，缓解民营企业、个体工商户融资难题。

（二十七）做好新闻宣传工作。全媒体、立体化宣传促进民营经济发展壮大工作举措和工作成果，加大政策解读力度，提高政策传播声量。结合民营经济准入准营亮点数据、典型经验做法，扩大正面阐释引导，积极营造民营经济健康发展的舆论氛围。

附录2　辽宁省提升行政执法质量三年行动实施方案（2023—2025年）

（辽政办发〔2023〕18号）

为贯彻落实《国务院办公厅关于印发〈提升行政执法质量三年行动计划（2023—2025年）〉的通知》（国办发〔2023〕27号）精神，进一步规范全省各级行政执法机关行政执法行为，全面提升行政执法质量和效能，促进严格规范公正文明执法，结合辽宁行政执法工作实际，制定本方案。

一、总体要求

（一）指导思想。以习近平新时代中国特色社会主义思想为指导，深入学习贯彻习近平法治思想，全面贯彻党的二十大精神，认真贯彻落实习近平总书记关于东北、辽宁振兴发展的重要讲话和指示批示精神，特别是习近平总书记在新时代推动东北全面振兴座谈会上的重要讲话精神，深刻领悟"两个确立"的决定性意义，增强"四个意识"、坚定"四个自信"、做到"两个维护"，以提升行政执法质量和效能为目标，进一步提高行政执法队伍能力素质，规范行政执法行为，完善行政执法体制机制，严格落实行政执法责任制和责任追究制度，全面推进严格规范公正文明执法，切实防止执法不作为乱作为，更好保护人民群众合法权益，维护公平竞争市场秩序，加快推进法治政府建设，为辽宁全面振兴新突破三年行动提供有力行政执法保障。

（二）工作原则。坚持党的领导，把坚持和加强党的领导贯穿于行政执法工作的全过程和各方面。坚持执法为民，努力让人民群众在每一个执法行为中都能看到风清气正、从每一项执法决定中都能感受到公平正义。坚持问题导向，聚焦食品药品、医疗保障、公共卫生、自然资源、生态环境、安全生产、劳动保障、城市管理、交通运输、金融服务、教育培训等重点领域中存在的行政执法突出问题，查找根源，常态化开展突出问题整治，切实解决各类顽瘴痼疾。坚持注重实效，立足基层行政执法实际，增强措施的针对性和时效性，稳步提升行政执法质量。坚持统筹协调，着力增强系统性、整体性、协同性，推动行政执法与政府管理其他各项工作协调发展。

（三）工作目标。到 2025 年底，行政执法突出问题得到有效整治，行政执法工作体系进一步完善，行政执法协调监督工作体系有效运转，行政执法队伍素质明显提升，行政执法监督机制和能力建设切实强化，行政执法信息化、数字化水平进一步提升，行政执法质量和效能显著提高，行政执法的权威性和公信力有力增强，人民群众对行政执法的满意度大幅上升。

二、重点任务

（一）全面提升行政执法人员能力素质。

1. 加强政治能力建设。各级行政执法部门要把加强党的政治建设放在首位，全面践行习近平法治思想，将习近平法治思想贯彻落实到行政执法全过程、各方面，坚定拥护"两个确立"、坚决做到"两个维护"，牢牢把握正确政治方向，严格遵守政治纪律，教育引导行政执法人员不断增强政治判断力、政治领悟力、政治执行力。加强基层行政执法单位党组织建设，充分发挥基层党组织战斗堡垒和党员先锋模范作用。推进行政执法队伍革命化、正规化、专业化、职业化建设，持续提升能力、素养和本领，牢固树立执法为民理念，实现行政执法工作政治效果、法律效果和社会效果的有机统一。（责任单位：省直各行政执法部门，各市政府、省沈抚示范区管委会；以下均需各市政府、省沈抚示范区管委会落实，不再列出；完成时限：持续推进）

2. 着力抓好业务培训。建立健全领导干部学法用法制度，落实并完善有关领导干部年终述法制度，用好领导干部在线学法平台，推动学法用法常态化、规范化，不断提高领导干部运用法治思维和法治方式开展行政执法、应对风险的能力。建立健全行政执法标准化制度化培训机制，开展分类分级分层培训，鼓励开展情景式、带教式等新型培训。各级行政执法部门要将法律知识培训考核、业务培训和执法技能竞赛作为提升行政执法人员业务能力水平的重要抓手，合理制订年度法律知识培训计划，明确学时要求，在完成政治理论教育和党性教育学时的基础上，确保行政执法人员每人每年接受不少于60学时的公共法律知识、业务知识和行政执法技能培训。上级业务部门要加强对下级业务部门培训工作的指导，乡镇、街道综合行政执法人员要参加上级有关业务部门组织的培训，对承担多个部门行政执法事项人员的培训，鼓励跨部门联合开展。（责任单位：省司法厅、省直各行政执法部门；完成时限：2024年6月底前完成行政执法队伍的全员轮训并持续推进）

3. 开展行政执法岗位练兵。围绕行政执法活动全过程，紧扣现场检查、调查取证、应急处置、文书制作等重点环节，开展现场模拟训练和信息系统、新型装备应用训练等岗位技能比武练兵活动，提高行政执法人员办案技能，夯实行政执法基本功。坚持学用结合，以实战促实效，通过多种形式的实战演练，提高行政执法人员规范执法和应急处置能力，切实提升一线行政执法人员运用法治思维和法治方式开展行政执法、维护稳定、化解矛盾的能力。（责任单位：省直各行政执法部门；完成时限：持续推进）

4. 强化行政执法人员资格管理。严格落实行政执法人员资格管理和持证上岗制度，未取得行政执法证件的人员不得独立从事行政执法工作。推行行政执法人员日常考核制度，科学合理设计考核指标体系，考核结果作为行政执法人员职务职级调整、交流轮岗、奖励惩戒的重要依据。建立健全行政执法人员证件管理制度，对不履行、不适当履行或违法履行法定职责的行政执法人员，根据情况依法予以暂扣或收缴行政执法证件并进行离岗培训、调离执法岗位、取消执法资格等处理。人民警察证件的管理使用按照人民警察法的规定执行。（责任单位：省司法厅、省直各行政执法部门；完成时限：持续推进）

（二）全面推进严格规范公正文明执法。

5. 全面落实行政执法"三项制度"。严格执行行政执法公示制度、执法全过程记录制度、重大执法决定法制审核制度，坚持法定职责必须为、法无授权不可为，实现行政执法程序规范运行。以市县级行政执法部门为重点，开展落实行政执法"三项制度"督导检查，以督查促整改，以整改促提高。将行政执法"三项制度"落实情况纳入法治建设考核指标体系，细化考核标准，加大考核权重，督促落实行政执法"三项制度"主体责任。（责任单位：省司法厅、省直各行政执法部门；完成时限：2024年底前取得阶段性成果并持续推进）

6. 常态化开展行政执法突出问题整治。聚焦人民群众反映强烈的运动式执法、"一刀切"执法、简单粗暴执法、野蛮执法、过度执法、机械执法、逐利执法等不作为乱作为问题，常态化开展集中整治和专项监督行动。各地区有关部门要认真查找行政执法领域薄弱环节和存在的问题，形成本地区各行政执法领域的突出问题清单，并对照问题清单适时组织开展集中整治行动，集中整治情况报送本级司法行政部门汇总。省直行政执法部门每年开展行政执法质效评估，梳理存在的问题，及时纠正偏差，省司法厅要牵头组织有关地方和部门对各地区集中整治情况开展专项监督，并将专项监督情况向省政府报告。（责任单位：省司法厅、省直各行政执法部门；完成时限：2023年底前形成行政执法突出问题清单，2024年11月底前取得阶段性成果并持续推进）

7. 加快完善行政裁量权基准制度。依法规范行政裁量权，细化量化裁量标准，规范裁量范围、种类、幅度。强化对行政裁量权基准制度的运用，坚持过罚相当、宽严相济原则，在行政执法告知书和决定书中要引用裁量权基准并适当说明理由。严格规范行政裁量权行使，避免行政执法的随意性。根据法律、法规、规章的立改废释，以及政府机构改革、行政执法体制改革等情况，结合我省行政执法工作实际，动态调整行政裁量权基准。（责任单位：省司法厅、省直各行政执法部门；完成时限：2023年底前行政裁量权基准普遍建立并推进实施）

8. 优化行政执法"四张清单"制度。建立行政执法"四张清单"（即不予行政处罚、从轻行政处罚、减轻行政处罚、不予实施行政强制措施清单）动态调整机制，积极推行柔性执法，全面落实"首违不罚"制度，对不涉及生命健康、公共安全、生态环保等领域的首次轻微违法行为实施容错免罚机制。要总结提炼典型案例和经验做法，采取多种形式大力开展行政执法"四张清单"的宣传工作，推动"四张清单"落实提质增效。（责任单位：省司法厅、省直各行政执法部门；完成时限：2024 年底前形成行政执法"四张清单"典型案例并持续推进）

9. 健全完善行政执法工作机制。依法健全以信用为基础的新型执法机制，规范涉企行政检查，完善联合检查、"双随机、一公开"监管、非现场执法等工作机制，推动监管信息共享互认，避免多头执法、重复检查。对直接涉及公共安全和人民群众生命健康等特殊行业、重点领域，依法依规实行全覆盖重点监管。综合运用多种方式督促引导受处罚企业加强合规管理、及时整改违法问题，防止以罚代管。探索建立涉企行政执法案件经济影响评估制度，积极探索更多使用"非现场执法"方式，复制推广"综合查一次"经验，最大限度减少行政执法活动对企业正常生产经营带来的不利影响。完善涉民营企业行政执法违法行为投诉举报处理机制，依法平等保护民营企业和企业家各种合法权益。（责任单位：省司法厅、省市场监管局、省直各行政执法部门；完成时限：2024 年底前取得阶段性成果）

（三）健全完善行政执法工作体系。

10. 协调推进行政执法体制改革。各级司法行政部门要在本级党委、政府的领导下，切实履行行政执法体制改革的法治协调职责，督促指导各级行政执法部门动态调整本部门行政执法事项目录。省司法厅要组织开展行政执法事项清理工作，对虽有法定依据但近五年未发生、极少发生且没有实施必要的、交叉重复的等行政执法事项进行清理，提出拟取消、调整或者暂停实施的意见，按规定程序处理。（责任单位：省司法厅、省直各行政执法部门；完成时限：持续推进）

11. 依法推进乡镇、街道行政执法体制改革。积极稳妥推进乡镇、街道赋权工作，各地区要结合实际制定本地赋权事项目录。对拟予清理的行政执法事项不再赋权乡镇、街道。省直有关行政执法部门要跟踪指导赋权事项的实施，强化事中、事后监管，对已经下放乡镇、街道的行政执法事项至少进行一次评估，评估过程、结果及改进举措应当形成书面材料同步报送同级司法行政部门和营商环境建设部门。省营商局要统筹省直有关行政执法部门对基层接不住、监管跟不上的赋权事项提出调整意见，及时组织动态调整。各地区要组织开展乡镇、街道行政执法规范化试点。［责任单位：省营商局（省大数据局）、省司法厅、省直有关行政执法部门；完成时限：2024年底前完成评估工作并持续推进］

12. 加强联合执法和协作执法。强化对联合执法和协作执法的统筹协调，省级行政执法部门要建立健全跨市域联合执法机制，积极组织开展市域间联合执法。各市要在市域管理范围内，整合、优化行政执法资源，开展跨区域、跨部门、跨层级联合执法，并探索建立联席会议、线索通报、证据移转、案件协查等制度，推动实现违法线索互联、执法标准互通、处理结果互认。完善行政执法与刑事司法衔接机制。加强行政执法部门与纪检监察部门的协作配合，依规依纪依法及时移送行政执法过程中发现的有关问题线索。（责任单位：省直各行政执法部门；完成时限：2024年底前取得阶段性成果并持续推进）

（四）强化行政执法协调监督。

13. 完善行政执法监督制度。按照国家关于行政执法监督的相关规定，开展广泛调研和充分论证，加快推进《辽宁省行政执法监督规定》的修订。制定完善相关制度机制，建立与权责统一、权威高效的执法体制机制相适应的行政执法监督工作制度，推进行政执法案卷评查、行政执法案例指导等工作。完善行政执法专项考核评价指标体系，提高相关指标的科学性、合理性和可操作性。（责任单位：省司法厅、省直各行政执法部门；完成时限：2025年底前取得阶段性成果并持续推进）

14. 建立健全行政执法协调监督体系。加快制定行政执法监督工作指引，充分发挥行政执法监督统筹协调、规范保障、督促指导作用。强化上级行政机关对下级行政机关行政执法工作的全方位、全流程监督，严格履行常态化、长效化监督，基本建成比较完善的省市县乡全覆盖的行政执法协调监督工作体系。积极探索司法所协助县级司法行政部门开展乡镇、街

道行政执法监督工作的方式方法。（责任单位：省司法厅、省直各行政执法部门；完成时限：2024 年底前完成）

15. 创新行政执法监督方式。县级以上司法行政部门要制定年度行政执法监督工作方案，综合运用行政执法工作报告、统计分析、评议考核等方式，对行政执法工作情况开展经常性监督，督促行政执法部门全面履行行政执法职能。县级以上人民政府部门承担行政执法监督职责的机构，要加强对本部门本系统行政执法工作和重大行政执法案件的统筹协调、日常监督和业务指导。完善重大行政执法案件专项监督调查处理机制。拓宽监督渠道，建立行政执法监督与 12345 政务服务便民热线等监督渠道信息共享工作机制。各级行政执法部门要定期向本级司法行政部门通报行政执法投诉举报案件办理情况。完善行政执法监督员制度，探索各级行政执法监督联系点和特邀行政执法监督员在行政执法监督工作中发挥积极作用。〔责任单位：省司法厅、省营商局（省大数据局）、省直各行政执法部门；完成时限：2025 年底前完成并持续推进〕

16. 强化行政执法监督结果运用。建立完善常态化行政执法评议考核机制，及时发现并纠正行政执法中存在的问题，积极推进行政执法第三方评议，提高评议工作的透明性和公正性。加强行政执法专家评估、同行评估与案卷评查，各地区、各部门每年至少集中组织一次行政执法案卷评查活动。按照国家有关规定对在行政执法中做出突出贡献的集体和个人给予表彰奖励，推进示范创建活动，发挥先进典型示范带动作用，增强行政执法人员职业认同感、荣誉感和责任感，展现良好的行政执法形象。全面落实行政执法责任制，强化行政执法责任追究，对行政执法监督中发现的或经举报后核实的存在不作为乱作为的行政执法人员，依规依纪依法追究责任。（责任单位：省司法厅、省人力资源社会保障厅、省直各行政执法部门；完成时限：持续推进）

（五）加强行政执法信息化保障。

17. 推进行政执法信息化建设。依托辽宁监管执法平台，加强行政执法与监督管理能力建设，为全省各级行政执法部门提供通用业务支撑和数据共享对接服务，推动行政执法全过程网上流转。推进执法信息归集共享和关联整合，全量编制数据目录，并按目录将数据统一汇聚至省政务信息共享交换平台，实现行政执法信息互联互通、信息共享、实时监控、全面监督，为严格规范行政执法工作提供有力支持。〔责任单位：省司法厅、省市场监管局、省营商局（省大数据局）、省直各行政执法部门；完成时限：2024年底前完成〕

18. 探索非现场监管模式。探索运用互联网、大数据、人工智能等技术手段，推行以远程监管、移动监管、预警防控为特征的非现场监管，助力解决人少事多的难题，提高执法效能和执法监督能力。（责任单位：省直各行政执法部门；完成时限：持续推进）

（六）不断强化行政执法保障能力。

19. 加强队伍建设。根据行政执法部门所承担的执法职责和工作任务，合理配备行政执法力量，并注重行政执法队伍梯队建设。加强行政执法部门公职律师和法律顾问队伍建设，通过建立"法律顾问之家"、研究会等形式拓展交流空间，不断提升公职律师和法律顾问参与重大决策的能力水平。整合有关行政执法部门的法治审核力量，建立重大执法决定法治审核协作机制。加强行政执法监督队伍建设，保障监督职能充分发挥。（责任单位：省司法厅、省直各行政执法部门；完成时限：持续推进）

20. 强化权益保障。健全行政执法责任追究、尽职免责机制，细化追责、免予问责情形和容错纠错程序。改善行政执法条件，合理安排权益保障方面执法装备配备和科技建设方面的投入。落实和完善行政执法人员工资待遇政策，建立行政执法人员人身意外伤害保险等职业风险保障制度，逐步构建符合行政执法特点的保障体系。推动形成全社会支持行政执法部门依法履职的氛围，对阻碍行政执法人员依法履职的违法行为，坚决依法处理。完善行政执法人员心理咨询服务和危机干预机制。（责任单位：省财政厅、省人力资源社会保障厅、省直各行政执法部门；完成时限：持续推进）

21. 加大财政支持力度。将行政执法工作经费、装备配备费用纳入本级政府财政预算，保证执法经费足额拨付。结合当地财政实际，合理保障行政执法经费投入力度，切实满足行政执法工作需要。（责任单位：省财

政厅；完成时限：持续推进）

三、组织保障

（一）加强组织领导。各地区、各部门要从全面推进法治政府建设的高度，充分认识开展提升行政执法质量三年行动的重大意义，精心谋划部署，细化量化分解本方案提出的工作任务，研究制定实施举措，建立工作台账，逐步推动落实，工作推进情况及时向本级党委（党组）报告。县级以上地方人民政府要建立由司法行政、发展改革、财政、人力资源社会保障、政务服务管理、大数据管理以及城市管理、市场监管、生态环境、文化市场、交通运输、应急管理、农业等领域有关部门参加的工作会商机制，加强对本方案落实的统筹协调和督促指导，对工作中发现的问题和存在的困难，要及时沟通协调、研究解决，确保顺利推进、取得实效。

（二）强化督查考评。各地区、各部门要明确工作目标、责任分工、完成时限，将贯彻落实本方案情况纳入本地区、本部门法治建设考评指标体系、行政执法专项考核指标体系，作为地方政府、政府部门及其领导干部综合绩效考核的参考。适时组织开展行政执法人民群众满意度第三方评价，勇于接受群众监督与实践检验，敢于刀刃向内，开展自我革命。省司法厅要建立常态化工作推进机制，组织相关部门对各地区、各部门的实施情况进行监测、评估，清单化管理、定期调度，每年年底前向省政府报告任务完成情况。

（三）强化培训宣传。各地区、各部门要将本方案列为各级各类行政执法培训的重要内容，作为行政执法人员的必修课，通过集中轮训、理论研修、专题研讨等多种形式，使广大行政执法人员特别是领导干部熟知和理解有关工作要求。要加强宣传动员，增强参与提升行政执法质量三年行动的自觉性、积极性、主动性。充分发挥主流媒体和新媒体作用，广泛宣传提升行政执法质量和效能的好举措好经验好做法，注重发现、挖掘和宣传行政执法先进人物、先进事迹，全面及时反映工作进展和取得成效，不断提升行政执法的权威性和公信力。

省司法厅要会同各有关方面加强对本方案实施情况的指导监督和跟踪分析，及时总结推广典型经验做法，研究解决工作中遇到的问题，重要事项及时向省委、省政府报告。2024年10月底前完成中期评估，2025年10月底前完成终期评估。

附录3　辽宁省金融支持科技型企业全生命周期发展若干举措

（辽政办发〔2023〕16号）

为贯彻落实国务院支持科技型企业融资有关要求，强化企业科技创新主体地位，聚焦科技型企业全生命周期融资需求，加大金融支持力度，营造有利于科技型企业成长的良好金融环境，制定如下举措。

一、总体要求

坚持以习近平新时代中国特色社会主义思想为指导，全面贯彻党的二十大精神，深入学习贯彻习近平总书记关于东北、辽宁振兴发展的重要讲话和指示批示精神，认真落实中央金融工作会议部署要求，完整、准确、全面贯彻新发展理念，以科技创新引领产业升级，助力实施辽宁全面振兴新突破三年行动，聚焦原始创新孵化、科技成果转化和产业化、关键核心技术攻关等重点领域，围绕科技型中小企业、科技型骨干企业等重点企业，深化金融供给侧结构性改革，大力发展科技金融，完善和壮大科技领域上下游产业链，通过创新投入方式、搭建公共服务平台等一系列政策和制度安排，引导和促进银行业、证券业、保险业金融机构，地方金融组织和创业投资等机构创新金融产品、改进服务方式，实现科技创新链条与金融资本链条有机结合，为孵化期到成熟期各发展阶段的科技型企业提供有力融资支持和优质金融服务。力争经过2－3年努力，孵化期、初创期科技型企业融资易得性稳步提高，成长期科技型企业融资渠道不断拓展，成熟期科技型企业资本市场融资得到有力保障。

二、行动举措

（一）加强全生命周期科技型企业金融服务。

1. 做好科技金融对接服务。依托辽宁省融资信用服务平台，吸引集聚各类金融资源，建立全省科技型企业全生命周期金融服务库，提高金融机构服务科技型企业效率，满足全生命周期科技型企业融资需求。对于孵化期企业，支持对接天使（创业）投资基金、地方金融组织，鼓励金融机构创设"创业类"首贷产品，给予创业资金支持，推动新设企业实现"从0到1"突破。对于初创期企业，支持对接风险投资基金，提供首贷续贷、投贷联动类金融产品，促进企业实现持续发展。对于成长期企业，支持对接股权投资基金、商业银行、科技担保、科技保险、保理租赁等机构，满足企业扩大生产、市场拓展等方面的资金需求。对于成熟期企业，支持企业上市融资、并购重组等资本运作，引领产业升级，实现高质量发展。

（二）促进原始创新孵化和科技成果成功转化。

2. 加快发展天使（创业）投资基金。鼓励具备条件地区推动设立天使（创业）投资基金，对投资孵化期科技型企业的民营天使（创业）投资基金，通过增资等方式给予一定政策支持。发挥辽宁产业投资基金作用，引导创投企业投早、投小、投硬科技。

3. 围绕原始创新孵化和科技成果转化开发金融产品。鼓励银行机构针对国家和省级创新创业大赛获奖企业等定制金融产品。符合条件的科技担保公司按照"应担尽担"原则为相关"创业类"金融产品提供融资增信服务，在落实银担分险机制的前提下，对出现的代偿风险，省级财政给予不高于40%的风险补偿。

4. 支持科创服务平台设立地方金融组织。支持科创类孵化器、众创空间等各类公共服务平台联合头部企业（链主企业），依法依规设立小额贷款公司、融资租赁公司、商业保理公司等地方金融组织，依托服务平台、头部企业（链主企业）的信息和资源优势，为科技型企业和项目提供早期、高效、便利的资金融通、设备融资租赁、供应链金融等服务。

5. 试点设立城际融资撮合中心。推动以辽宁省融资信用服务平台"线上"数据资源与沈阳产业金融会客厅"线下"服务载体为依托，试点设立城际融资撮合中心，发挥沈阳金融资源相对集中的优势对沈阳都市圈周边城市形成辐射带动作用，为城际间创新创业项目、科技成果转化、科技型企业提供知识产权、投融资等信息查询和融资撮合、融资路演等常态化服务。

（三）推动初创期科技型企业快速成长。

6. 加大首贷续贷支持力度。具备条件地区要持续用好首贷中心贴息等政策，提高科技型企业首贷获得率。鼓励具备条件地区出台政策，支持金融机构为科技型企业提供无还本续贷类产品，降低科技型企业续贷成本。发挥政策性资金引导作用，扩大"辽科贷""辽知贷"产品投放规模。

7. 完善知识产权质押融资配套政策。注重发挥知识产权评估机构评估和银行机构知识产权质押融资内部评估的作用，做好科技型企业与评估机构、银行机构间对接撮合服务，持续扩大知识产权质押贷款规模。探索建立知识产权质物处置模式，支持依托依法设立的交易场所开展以专利权等为标的的知识产权收储交易。

8. 推动数字赋能金融创新。加快数据要素集聚，探索建设数据交易所。推动辽宁省融资信用服务平台利用"企业创新积分"等评价模型，为科技型企业进行"信用画像"，与金融机构共同开发"批量化、高效率、免抵押"的数字金融服务模式，联合金融机构打造"金信贷"特色服务专区。汇集金融机构科创类产品，建立金融产品超市，为科技型企业线上融资提供"一站式"服务。

9. 推进投贷联动接力式融资。推动银行机构与股权投资机构、产业投资基金公司深化合作，探索开展"贷款 + 外部直投"业务，在科技型企业生命周期中前移金融服务。鼓励银行机构创新产品，降低科技型中小微企业早期融资成本。支持符合条件的小额贷款公司以投贷联动方式为科技型企业融资。

（四）提升成长期科技型企业核心竞争能力。

10. 培育发展股权投资基金。争取国家各类产业引导基金、科技成果转化引导基金投资，用好省内各级引导基金，按照市场化原则在科技型企业不同细分领域组建与产业发展需求相匹配的母子基金群。争取合格境外有限合伙人（QFLP）境内投资试点政策，为扩大境外资金投资科技型企业提供便捷通道。支持辽宁股权交易中心争取股权投资和创业投资基金份额转让试点，丰富基金退出渠道。鼓励科技型企业推行股权激励和员工持股计划，辽宁股权交易中心要为科技型企业提供股权登记托管、转让、信息披露等服务。鼓励国有企业争取发行混合型科创票据募集资金，以股权方式、股债混合方式投资科技型企业。

11. 提供综合性保险保障。落实首台（套）重大技术装备、新材料首批次应用保险补偿支持政策。鼓励保险机构开发创业费用损失险、产品研发责任险、科技成果转化损失险、科技信贷保障险等产品，为企业在产品研发、科技成果转化、知识产权保护等方面提供保险保障。争取保险资金以股权、基金、债权、资产支持计划等形式，为科技型企业和战略性新兴产业发展提供长期资金支持。

12. 满足多样化融资需求。加强政银担企对接服务，引导金融机构、科技担保机构为科技型企业提供服务。鼓励融资租赁公司为科技型企业提供研发、生产设备购置等融资租赁服务，鼓励商业保理公司为科技型企业提供应收账款类、供应链订单类保理融资服务。依托辽宁省融资信用服务平台搭建股权投融资板块，撮合科技型企业股权融资，满足科技型企业成长期多样化融资需求。

（五）支持成熟期科技型企业引领产业升级。

13. 加大对科技型企业上市支持力度。支持辽宁产业投资基金及子基金投资科技型企业，优化上市补助政策，"随报随审"加快资金拨付。鼓励科技型企业并购重组省内经营困难或面临退市风险的上市企业，推动辽宁上市企业高质量发展。

14. 开展科技型企业上市分阶段培育。用好沪深交易所、北交所、全国股转系统在辽服务基地资源，定期更新上市后备企业库，对入库企业开展分阶段、分梯度培育，引导科技型企业抢抓政策机遇，根据自身发展阶段特点到相适应的资本市场板块上市融资。积极争取区域性股权市场创新试点，高质量建设辽宁股权交易中心"专精特新"专板、科技型企业板块、基金投后培育板块，用好全国股转系统与区域股权市场的对接政策。

15. 完善科技型企业发债融资政策。优化省级债券融资支持政策，支持科技型企业发债融资。具备条件地区可通过一定方式，支持科技型企业发行科创票据、科技创新债。推动优质融资担保公司多渠道补充资本金、提高信用等级，为科技型企业债券发行提供增信服务。

16. 提高头部科技型企业产业支撑力。支持各级引导基金与头部科技型企业联合设立产业投资基金，开展横向合作和纵向联合，形成"龙头企业＋主导产业＋上下游企业集群"的产业架构，打造一批特色突出、辐射带动作用明显的科技产业集群。鼓励上市科技型企业通过资产重组、分拆上市等方式，围绕主业协同产业链上下游配套企业联动发展，依托资本市场吸引上下游具有前瞻性、战略性、创新性的产业项目落地，促进以上市企业为主导的产业链集群发展。鼓励银行机构与股权投资机构合作开展技改融资、并购融资、管理层收购融资等业务，支持科技型企业引领产业集聚升级。

三、保障措施

（一）强化组织推动落实。由省金融监管局牵头，省有关部门共同参与，统筹推进各项行动举措落实落细。省有关部门要加强信息共享，强化科技创新资源与金融资源的对接。工业和信息化部门要组织用好国家产融合作平台，争取国家科技产业金融一体化专项支持，适时开展"补贷保"联动试点。各市政府要加强对科技金融工作的组织领导，落实服务企业上市主体责任。鼓励各市政府结合实际制定金融支持科技型企业全生命周期发展的具体工作方案。

（二）集聚科技金融机构。积极支持全国性银行、证券、保险机构在辽设立专业子公司、科技金融事业部、科技支行、创新中心等科技服务机构，争取金融机构总部在资源配置、创新权限、业务审批等方面给予政策倾斜。支持省内证券法人机构拓展业务范围，增强服务科技型企业直接融资能力。支持沈阳、大连等具备条件地区建设完善基金集聚区，引进知名基金管理公司、头部基金管理团队落地展业，形成基金集聚"高地"。支持各市设立或引进专业化地方金融组织，为创业项目、科技型企业差异化融资需求提供有效补充。

（三）完善政策支持体系。支持各市政府发展科技金融，细化整合现有科技金融扶持政策，创新政策资金投入方式，综合运用奖补激励、风险补偿、贷款贴息、引导基金、政策性担保等支持资金，优化办公住房、人才引进、政府采购项目信息推送等政策与服务，引导带动金融资本和社会资本参与科技创新。鼓励各类股权投资基金管理公司在辽宁注册投资，有关地区落实落细现有支持政策。建立尽职免责机制，探索按照整个基金生命周期进行考核，发挥投早、投小的关键作用。引导国有股权投资机构健全市场化薪酬分配体系，可根据市场化原则制定员工跟投办法。

（四）加强政策宣传引导推介。进一步加大金融服务科技型企业的政策宣传力度，提升政策知晓度，增强政策实施效果。及时总结典型做法和案例，广泛宣传金融服务科技型企业过程中的新进展新成效，加强舆论引导，积极回应社会关切，营造良好舆论氛围。

图书在版编目（CIP）数据

辽宁民营经济发展研究报告.2023 / 张满林，苏明
政编著. -- 北京：经济科学出版社，2024.8. -- ISBN
978 - 7 - 5218 - 6113 - 6

Ⅰ. F127. 31

中国国家版本馆 CIP 数据核字第 2024JV1751 号

责任编辑：宋艳波
责任校对：王肖楠　蒋子明
责任印制：邱　天

辽宁民营经济发展研究报告（2023）
LIAONING MINYING JINGJI FAZHAN YANJIU BAOGAO（2023）
张满林　苏明政　编著
经济科学出版社出版、发行　新华书店经销
社址：北京市海淀区阜成路甲 28 号　邮编：100142
总编部电话：010 - 88191217　发行部电话：010 - 88191522
网址：www. esp. com. cn
电子邮箱：esp@ esp. com. cn
天猫网店：经济科学出版社旗舰店
网址：http：//jjkxcbs. tmall. com
固安华明印业有限公司印装
710×1000　16 开　14.25 印张　230000 字
2024 年 8 月第 1 版　2024 年 8 月第 1 次印刷
ISBN 978 - 7 - 5218 - 6113 - 6　定价：68.00 元
（图书出现印装问题，本社负责调换。电话：010 - 88191545）
（版权所有　侵权必究　打击盗版　举报热线：010 - 88191661
QQ：2242791300　营销中心电话：010 - 88191537
电子邮箱：dbts@ esp. com. cn）